ファイナンスを読みとく数学

金川 秀也・高橋 弘・西郷 達彦・謝 南瑞 共著

培風館

本書の無断複写は，著作権法上での例外を除き，禁じられています。
本書を複写される場合は，その都度当社の許諾を得てください。

はじめに

　ブラック，ショールズ，マートンらによる，1970年代に発表されたオプション価格付けのための理論は，その後の金融工学・数理ファイナンスの著しい発展につながりました。本書の主な目的は，オプション価格付けに関する理論を解説することです。オプション価格付けはファイナンス理論の一部分にすぎない，と思われるかもしれませんが，オプション価格付けで用いられている考え方は，近代的なファイナンス理論のなかでもいたるところに現れ，用いられています。そのため，ファイナンス理論の基本的な考え方を理解するには，まずはオプション理論を学び，理解することが重要になります。この点をよくふまえ，本書をお読み下さい。

　オプション価格付けの方法は，非常に難解な理論に基づくものと思われますが，基本となる考え方は，複利による利子の計算です。そこで，ファイナンス理論の基本となる単利・複利・連続複利という3種類の金利計算による元利合計[1]の計算法について，まず第1章では解説します。

　第1章で解説した利子の計算を，時間の反転を計算上で行う割引計算の考え方は，オプション価格付けにおいては重要な考え方です。そこで第2章では，将来得られる資産価格を現在価値に直す割引計算について解説します。本書ではこれら元利合計と割引計算について，多くの例題を取り上げています。これらの問題を解くためには抽象的な計算が必要ですが，問題を解くことで，数式の背後にある具体的な資金の流れを想起できるような解説をつけています。

---

[1]元金と利子の合計のことです。このような用語の解説も本書ではわかりやすく説明することを心がけています。

i

第3章では，信用取引による先物取引と空売り・空買いについて解説します。信用取引とは，取引高全体の1割から2割程度の資金を用意して，商品を売買する方法です。ここでいう商品とは，金融商品だけでなく，鉱物資源や穀物なども含まれます。先物取引は，扱う商品の将来における価格を予測し，その予測に基づき値付けをして，商品が市場にでる以前に売買する，という取引法です。このような先物取引は，現金による通常の買い物[2]とはまったく異なる取引法ですが，本書で用意した多くの例題が皆さんの理解を助けるでしょう。信用取引・先物取引・空売り・空買いといった，金融業界で日常的に行われている取引法について理解を深めることで，本書の主な目的であるオプション理論の理解も進むでしょう。

第4章では，オプション取引について解説します。オプション取引とは，商品を売買する権利の取引で，商品そのものの取引ではなく，先物取引を改良したものといえます。商品には，株式・債券・為替などの証券や通貨売買だけでなく，デリバティブ[3]のような資産や商品などから派生した契約の売買も含まれます。先物取引やオプション取引は，デリバティブの根幹をなし，さらにその価格付けの方法は，ファイナンス理論の中心的な問題となっています。一方で「商品を売買する権利」を売買する，という考え方は，ファイナンスを勉強しはじめた方々にとっては理解が難しいと思われますが，本書では具体例をあげながら解説をしていきます。また，オプション価格付け理論における重要な概念に「リスク中立確率」というものがあります。この確率は，実際に起きる現象の確率ではなく，オプション価格を計算するための便宜的な確率です。このリスク中立確率によって，オプションを発行する側と利用する側の両者のリスク[4]が同一となるように計算を進めることができます。実際の株価の変動は非常に複雑ですが，本書では，株価の変動は「二項モデル」とよばれる単純化したモデルを用いて考えます。また，時刻も一期間から多期間へステップアップしながら進めていきます。これらの場合について，リスク中立確率を計算によって求めることができることを，多くの例題をとおして解説します。

---

[2] "現物取引" とよばれます。
[3] "金融派生商品" ともよばれます。
[4] オプションの発行・利用によって被る損益のことを「リスク」とよびます。

はじめに iii

　最後の第5章では，ポートフォリオ理論について解説します。ポートフォリオとは，保有する資産をリスクの異なる複数の資産に分割しリスク管理する方法です。適切なポートフォリオを求める方法について，例題とともに紹介しています。第4章のオプションの価格付けに際し，オプションを発行する側と利用する側のリスクを同じにするためにも，ポートフォリオ理論が用いられています。

　本書は，筆者らが早稲田大学教育学部数学科，東京都市大学知識工学部経営工学科等で行った講義の内容をもとに書かれました。学生さんや金融の仕事でファイナンスの勉強をはじめたばかりの皆さんに，初学者にとっては難解な先物取引やオプション取引について理解していただくため，多くの例題を用意しました。また，商品取引所や証券取引所で行われる取引について具体的に述べています。実際の計算は関数電卓があれば簡単にできます。例題を一つずつ，じっくりと解いて下さい。例題を解くうちに，徐々にファイナンス理論の基本となる考え方が理解できると考えます。

　　令和元年5月

著者を代表して

金川　秀也

目　　次

1. 金利について (単利計算と複利計算) *1*

　1.1　単　　利 . . . . 　1

　1.2　複　　利 . . . . 　10

　1.3　連 続 複 利 . . . . 　18

2. 割引とは何か (価値と価格の違いを考えよう) *27*

　2.1　割引の考え方 . . . . 　27

　2.2　割引の応用 . . . . 　32

3. 信用取引，現物取引，先物取引，先渡取引，空売り，空買い *37*

　3.1　証券，株式，債券，リスクの証券化について . . . . 　37

　　　コラム：リーマンショックとは何だったか　39

　　　コラム：リーマンショックの日本への影響　40

　3.2　信用取引，現物取引 . . . . 　40

　3.3　先 渡 取 引 . . . . 　41

　3.4　先 物 取 引 . . . . 　42

　3.5　先物売り，先物買い . . . . 　43

　3.6　現物価格の変動と先物取引による損益の例 . . . . 　45

　3.7　先物取引における売買時期 . . . . 　47

　3.8　先物取引市場と現物取引市場 . . . . 　49

　3.9　先物取引における証拠金制度 . . . . 　49

　　　3.9.1　先物買いによる証拠金の推移　51

　　　3.9.2　先物取引とレバレッジ　52

v

vi

3.10 株式の空売り，空買い 58

    3.10.1 空売りによる損益   58

    3.10.2 空買いによる損益   60

4. オプション取引について   *63*

4.1 オプション取引の種類 63

    4.1.1 コールオプション   63

    4.1.2 プットオプション   67

    4.1.3 アメリカンオプション   70

    コラム：カルロス・ゴーン日産元会長の事件について   72

4.2 コールオプション価格の決まり方 74

    4.2.1 一期間二項モデル   74

    4.2.2 コールオプション・プレミアムの導出   76

4.3 プットオプション・プレミアムの導出 85

4.4 二期間二項モデル 87

4.5 多期間二項モデル 90

4.6 無裁定条件 98

4.7 ブラック・ショールズの公式 100

    4.7.1 ブラック・ショールズの公式の導出の概略   100

    4.7.2 ブラック・ショールズの公式における割引率   103

    4.7.3 収益率とボラティリティ   103

4.8 発展：株価変動を記述するブラック・ショールズモデルについて

. . . . 110

5. ポートフォリオ理論入門   *113*

5.1 ポートフォリオとは 113

5.2 収益率とリスク 114

5.3 複数の資産によるポートフォリオ 122

5.4 安全資産と接点ポートフォリオ 127

目　次　　　　　　　　　　　　　　　　　　　　　vii

A.　補講：確率の基礎　　　　　　　　　　　　131

A.1　確率変数と確率分布の概念 131

A.2　確率変数と無作為標本 132

A.3　事象の独立性と確率変数の独立性 133

A.4　離散確率分布 134

A.5　連続確率分布と確率密度関数 136

A.6　累積分布関数 138

A.7　期待値・分散・共分散・相関係数 138

A.8　大数の法則，中心極限定理 146

参 考 文 献　　　　　　　　　　　　　　　　149
索　　引　　　　　　　　　　　　　　　　　　151

1

金利について (単利計算と複利計算)

金利とは，お金を借りた (借金をした) 側が返済時に借りた金額に追加して支払う金額の割合のことで，借りた金額に金利をかけて計算されるものを**利子**といいます。例えば銀行で借金をした場合，借りた金額に応じて利子を加えて返済します。また，銀行に預金した場合は，銀行に貸し付けたことになり，銀行に預けた金額に応じて利子[1]が加算されます。このように，正確には「割合」と「金額」をさす言葉である金利と利子は区別して使われます。

利子の加え方は「**単利**」と「**複利**」の二種類あります。まず，この二種類の利子の計算法 (金利計算) について考えましょう。最初に借りた，あるいは預金したお金を「**元本**」(がんぽん) とよびます。借りた金額に対し，ある一定期間にかかる利子の割合を「**利率**」とよびます。期間に応じて，一日・一月・一年ごとにかかる利子を「**日利**」・「**月利**」・「**年利**」とそれぞれよびます。また，利子が加わる期間を「**単位期間**」とよびます。

以下の金利計算は，これから学ぶファイナンス理論において用いられる基本的な考え方ですので，しっかり理解して下さい。

1.1 単　　利

単利とは，利子が元本にのみかかることです。例えば，年利 0.1 (10 %) で10,000 円を単利で借りるとします。このとき，1 年後に返済するときは全額が 11,000 円となります。その内訳は，元本の 10,000 円とその利子 10 % 分の

---

[1]預金の場合，通常は**利息**とよばれます。

1,000 円との合計です。この合計金額を「**元利合計**」といいます。

一般的に考えて，k 年後の元利合計を $A(k)$ 円とすると

(1 年後)　　$A(1) = 10000 + (10000 \times 0.1) = 11000$ [円]，

(2 年後)　　$A(2) = 10000 + (10000 \times 0.1) + (10000 \times 0.1) = 12000$ [円]

となります。2 年後に返済するときは，単利計算では元本 10,000 円にのみ利子がかかることから，1 年目にかかる利子と 2 年目にかかる利子は同じ額で，$10,000 \times 0.1 = 1,000$ [円] となります。よって元利合計は 12,000 円です。3 年後の場合の計算は次のようになります。

(3 年後)　　$A(3) = 10000 + (10000 \times 0.1) \times 3 = 13000$ [円]

単利計算は，下の図のように考えることができます。数学の用語を使うと，元利合計は利子を公差とした等差数列で計算できます。

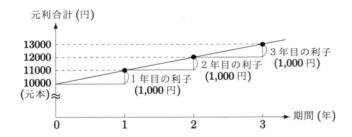

図 1　単利による元利合計 (年利 0.1，元本 10,000 円)

ここで元利合計を「等差数列」で求めてみましょう。

◎**復習 1.1**　(**等差数列**)　例えば，数列　$2, 5, 8, 11, 14, \ldots$　を考えます。この数列の各項の差は　$5 - 2 = 8 - 5 = 11 - 8 = 14 - 11 = \cdots = 3$　と一定になります。このような"差が一定である"数列を**等差数列**といいます。一般に，数列 $a_1, a_2, \ldots, a_n$ が**公差** d の**等差数列**であるとは，任意の自然数 n について

$$a_2 - a_1 = a_3 - a_2 = \cdots = a_n - a_{n-1} = d$$

が成立することです。このとき初項 a_1，公差 d の等差数列の**一般項**とよばれる a_n は

$$a_n = (a_n - a_{n-1}) + (a_{n-1} - a_{n-2}) + \cdots + (a_2 - a_1) + a_1$$
$$= a_1 + (n-1)d$$

と表せます。　　　　　　　　　　　　　　　　　　　　　(復習終わり)

1.1 単利

先ほどの例を見直すと,単利計算による元利合計は等差数列で表せます。すなわち C を元本,r を年利とすると,元本が初項に,1年ごとの利子 $C \times r$ が公差に相当します。よって,n 年後の元利合計は次のように表すことができます。

定理 1.1 (単利による元利合計)
元本を C 円,年利 r の単利計算による n 年後の元利合計 $A(n)$ 円は次で与えられる (図2):

(**1-1**) $\qquad A(n) = C + n \times (C \times r) = C(1+nr).$

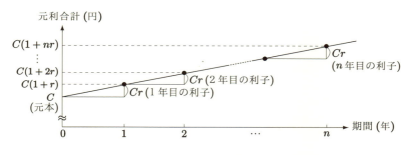

図2 単利による元利合計 (年利 r,元本 C 円)

○注 1.1 定期的に利息が支払われる債権[2]は「利付債」とよばれます。利付債では利息が元本に組み込まれないため,元利合計は単利計算です。

では,定理1.1を用いて,具体的に単利計算による元利合計を求めてみましょう。

◇**例題 1.1** 元本 10,000 円を年利 0.01 (1%) で借りる。2年後,6年後,12年後の元利合計 $A(2), A(6), A(12)$ を単利計算によって求めよ。

【解答】 式 (1-1) において $C = 10000$, $r = 0.01$ とおいて2年後の元利合計 $A(2)$ を求めると,

---
[2] 債権の詳しい解説は3.1節を参照して下さい。

$$A(2) = 10000 \times (1 + 2 \times 0.01) = 10200 \;[\text{円}]$$

です。同様にして

$$A(6) = 10000 \times (1 + 6 \times 0.01) = 10600 \;[\text{円}],$$
$$A(12) = 10000 \times (1 + 12 \times 0.01) = 11200 \;[\text{円}]$$

となります。 □

◇**例題 1.2** 元本 10,000 円を年利 0.03 (3%) で借りる。単利による元利合計が 13,000 円になるのは何年後か。また, 元利合計が 20,000 円を超えるのは何年後か求めよ。

【解答】 n 年後の元利合計を $A(n)$ 円とすると, 式 (1-1) より次の方程式をたてます:

$$A(n) = 10000 \times (1 + 0.03 \times n) = 13000.$$

両辺を 10000 で割ると $1 + 0.03n = 1.3$ から, $n = \dfrac{0.3}{0.03} = 10$ です。よって, 10 年後に 13,000 円となります。

次に

$$A(n) = 10000 \times (1 + 0.03n) = 20000$$

とおくと, $1 + 0.03n = 2$ から, $n = \dfrac{1}{0.03} = 33.333\cdots$ です。これより, 34 年後に 20,000 円を超えます (図 3)。 □

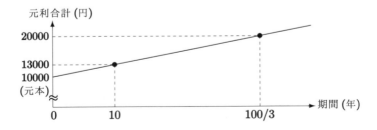

図 3 例題 1.2 の元利合計

1.1 単利

いままでは年利による元利合計を計算しましたが，単位期間が変わっても同様に計算ができます．次に，単位期間が 1 か月の月利で元利合計を計算してみましょう．

◇**例題 1.3** 元本 10,000 円を月利 0.01 (1%) で借りる．2 か月後，半年後，1 年後の元利合計を単利計算で求めよ．

【解答】 式 (1-1) において $C = 10000$, $r = 0.01$ とおくと，2 か月後の元利合計 $A(2)$ は
$$A(2) = 10000 \times (1 + 2 \times 0.01) = 10200 \; [円].$$
同様にして
$$A(6) = 10000 \times (1 + 6 \times 0.01) = 10600 \; [円],$$
$$A(12) = 10000 \times (1 + 12 \times 0.01) = 11200 \; [円]$$
となります (図 4)．　□

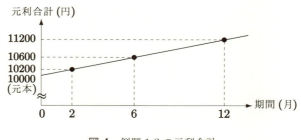

図 4　例題 1.3 の元利合計

今度は，単位期間が 1 日の日利で元利合計を計算してみましょう．

◇**例題 1.4** 元本 10,000 円を日利 0.0002 (0.02%) で借りる．1 か月 (30 日) 後，1 年後，10 年後のそれぞれの元利合計 $A(30), A(365), A(3650)$ を単利計算で求めよ．

【解答】 式 (1-1) において $C = 10000$, $r = 0.0002$ とおくと，30 日後の元利合計 $A(30)$ は

6   1. 金利について (単利計算と複利計算)

$$A(30) = 10000 \times (1 + 30 \times 0.0002) = 10060 \ [円].$$

同様に，

$$A(365) = 10000 \times (1 + 365 \times 0.0002) = 10730 \ [円],$$

$$A(3650) = 10000 \times (1 + 3650 \times 0.0002) = 17300 \ [円]$$

となります。 □

　次に，年利 r の借金を月を単位期間として返す場合を考えます。以降では，**「年利が r ならば月利は $\dfrac{r}{12}$ になる」**ことを仮定します。例えば，年利が 0.12 のときは，月利は $\dfrac{0.12}{12} = 0.01$ となります。また，**「年利が r ならば日利は $\dfrac{r}{365}$ になる」**ことを仮定します。

　特に断りがない場合，単位期間の長さに応じた割合で利率が変わることを本書においての約束とします。

◇**例題 1.5**　元本 10,000 円を年利 0.12 (12 %) の単利で 18 か月 (1 年 6 か月) 後に返済する。返済の元利合計を求めよ。

【解答】　1 年後の元利合計 $A(1)$ は

$$A(1) = 10000 + (10000 \times 0.12) = 11200 \ [円]$$

です。その後の金利は年利を月利に直して計算します。年利 0.12 を 12 か月で割ることで月利は $\dfrac{0.12}{12} = 0.01$ です。また，6 か月間の金利は

$$10000 \times 0.01 \times 6 = 600 \ [円]$$

です。以上から 18 か月後の元利合計 $A(1.5)$ は

$$A(1.5) = A(1) + 600 = 11200 + 600 = 11800 \ [円]$$

となります。 □

　上の例題は期間によって利率が変動しないので，公式 (1-1) を使って，

$$A(1.5) = 10000 \times (1 + 1.5 \times 0.12) = 11800$$

と考えることもできます。一方で，期間によって利率が変動する場合は違う考

1.1 単利

え方が必要です。

◇**例題 1.6** 元本 $A(0) = 10{,}000$ 円を 1 年目の年利 $0.02\,(2\,\%)$，2 年目の年利 $0.05\,(5\,\%)$ で借りる。2 年後の元利合計を単利計算で求めよ。

【解答】 1 年目の利子は $A(0) \times 0.02 = 10000 \times 0.02 = 200$ より，1 年後の元利合計 $A(1)$ は
$$A(1) = A(0) + A(0) \times 0.02 = 10000 + 200 = 10200 \,\,[円]$$
です。2 年目の利子も元本 10,000 円にかかるので，2 年後の元利合計 $A(2)$ は
$$A(2) = A(1) + 10000 \times 0.05 = 10700 \,\,[円]$$
となります (図 5)。 □

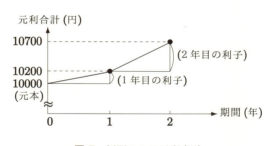

図 5　例題 1.6 の元利合計

　最後に，利率がランダムに変動する場合を考えます。例えば，3 年を満期とする定期預金では，満期までの 3 年間は毎年の年利率は一定です。しかし，この定期預金を満期後に更新する場合は，新しい年利率が以前の年利率と同じとは限りません。また銀行から借りる住宅ローンには，金利が一定の固定金利と，毎年金利が変わる変動金利の二種類があります。通常，住宅ローンを借りてから数年は固定金利ローンより変動金利ローンの金利は低く設定されていますが，その後の金利は保障されていません。それでは，どのようにして変動金利ローンのリスク評価をすればよいでしょうか。

　そこで，ひとつの基準として変動型住宅ローンの元利合計の期待値，分散，標準偏差を求めます。期待値はランダムな試行の結果として得られる数値の平

均値のことで，"変動の中央値に近い (と予想される) 値" が計算で求められます。分散や標準偏差は "変動の大きさを表す値" で，分散の正の平方根をとったもの (単位を合わせる操作です) が標準偏差です[3]。

例題のまえに，期待値・分散・標準偏差の計算方法を復習しましょう。

◎復習 1.2 （期待値・分散・標準偏差） 確率変数 X の確率分布を次のように与えます：

X の値	x_1	x_2	$\ldots$	x_m
確率	p_1	p_2	$\ldots$	p_m

ただし，$p_1 + p_2 + \cdots + p_m = 1$ とします。このとき X の期待値 $E[X]$ は

$$E[X] = x_1 p_1 + x_2 p_2 + \cdots + x_m p_m = \sum_{k=1}^{m} x_k p_k$$

で求まります。この値を μ で表すと，分散 $V[X]$，標準偏差 σ は，それぞれ次のように求まります[4]：

$$V[X] = E[(X - \mu)^2] = E[X^2] - \mu^2, \qquad \sigma = \sqrt{V[X]}.$$

ここで，$E[X^2]$ の値は，X^2 を新しい確率変数と考え次のように求めます：

$$E[X^2] = x_1^2 p_1 + x_2^2 p_2 + \cdots + x_m^2 p_m.$$

(復習終わり)

ローン支払い者が固定金利か変動金利かを選ぶ際，固定金利の元利合計と変動金利の元利合計の期待値を調べることで両者の比較ができます。また，標準偏差が大きいということは，**"変動金利での返済金額が大きくなったり小さくなったりする可能性が高い"** ことを示しています。

◇例題 1.7 元本を 10,000 円とする。1 年目の年利 r はランダムに変動し，$r = 0.1$ の確率は $\frac{1}{4}$，$r = 0.2$ の確率は $\frac{1}{2}$，$r = 0.3$ の確率は $\frac{1}{4}$ と確率分布を与える。このとき 1 年目の元利合計 $A(1)$ の期待値 $E[A(1)]$，分散 $V[A(1)]$，標準偏差 σ を求めよ。

---

[3] 詳しくは，付録 A.7 節をご覧下さい。
[4] μ は「ミュー」，σ は「シグマ」と読みます。

1.1 単　利

【解答】 金利の値がランダムに変動するので，元利合計 $A(1)$ も確率変数となります。その確率分布は，問題文で与えられている r の確率分布を用いて次のように計算します (図 6)：

- $r = 0.1$ のとき, $A(1) = 10000 \times (1 + 0.1) = 11000$,
- $r = 0.2$ のとき, $A(1) = 10000 \times (1 + 0.2) = 12000$,
- $r = 0.3$ のとき, $A(1) = 10000 \times (1 + 0.3) = 13000$.

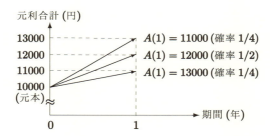

図 6　例題 1.7 の元利合計の推移とその確率

これらから，$A(1)$ の確率分布は以下の表で与えられます。

$A(1)$ の値	11000	12000	13000
確率	$\frac{1}{4}$	$\frac{1}{2}$	$\frac{1}{4}$

以上から，期待値は次のように計算できます：
$$E[A(1)] = 11000 \times \frac{1}{4} + 12000 \times \frac{1}{2} + 13000 \times \frac{1}{4} = 12000.$$
$$(= \mu \text{ とおく。})$$

また，$A(1)^2$ の期待値も次のように計算できます：
$$E\left[A(1)^2\right] = 11000^2 \times \frac{1}{4} + 12000^2 \times \frac{1}{2} + 13000^2 \times \frac{1}{4} = 144500000.$$

これらの計算を用いて，分散が次のように計算できます：
$$V[A(1)] = E\left[A(1)^2\right] - \mu^2 = 500000.$$

また，標準偏差は次で与えられます：
$$\sigma = \sqrt{V[A(1)]} = \sqrt{500000} \cong 707.1.$$

ここで，"$\cong$" は四捨五入による近似値を表します。　□

○注 1.2　ここで，分散の単位が $[円^2]$，標準偏差の単位は $[円]$ であることに注意しましょう．

1.2　複　　利

利子が元本にのみかかる単利と異なり，複利は各単位期間の利子がそれ以前までの元利合計にかかります．例えば，年利 0.1 (10 %) で 10,000 円を借りるとします．1 年後に全額を返済する場合，単利と同様に返済額は 11,000 円となります．数式で表すならば，元本 $A(0) = 10000$ 円として，次のようになります：

(1 年後)　　$A(1) = A(0) + A(0) \times 0.1 = A(0) \times (1 + 0.1) = 11000.$

2 年後に複利で返済する場合は，1 年目にかかる利子は単利と同じ 1,000 円ですが，2 年目の利子は 1 年目の元利合計である $A(1) = 11000$ 円に対してかかり，その金額は $A(1) \times 0.1 = 11000 \times 0.1 = 1100$ 円です．これを数式で表すと次のようになります：

(2 年後)　　$A(2) = A(1) + A(1) \times 0.1 = A(1) \times (1 + 0.1)$
$= A(0) \times (1 + 0.1)^2.$

この計算により，元利合計は 12,100 円となります．

3 年後に複利で返済する場合も，3 年目にかかる利子を考慮することで同様に次のように計算できます：

(3 年後)　　$A(3) = A(2) + A(2) \times 0.1 = A(2) \times (1 + 0.1)$
$= A(0) \times (1 + 0.1)^3.$

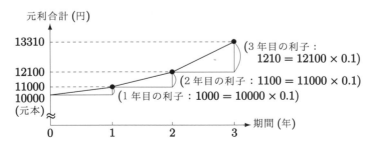

図 7　年利 0.1 (10 %) の複利による元利合計

1.2 複　利　　　　　　　　　　　　　　　　　　　　　　　　　　　　　**11**

これを計算すると，元利合計は 13,310 円です。複利計算は，図 7 のように考えられます。数学の用語を使うと，利率を r として元利合計は $1 + r$ を公比とした等比数列で計算できます。

○注 1.3　銀行における普通預金や定期預金の元利合計は複利計算によって求められています。

　　ここで複利計算を「等比数列」で求めてみましょう。

◎復習 1.3　（等比数列）　例えば，数列　$2, 6, 18, 54, 162, 486, \ldots$　を考えます。この数列の前後で比をとると　$\dfrac{6}{2} = \dfrac{18}{6} = \dfrac{54}{18} = \dfrac{162}{54} = \dfrac{486}{162} = \cdots = 3$　と一定になります。いい換えると，ある項を 3 倍することで次の項が定まります。このような数列を**等比数列**といいます。一般に，数列 $a_1, a_2, \ldots, a_n$ が**公比** s の**等比数列**であるとは，任意の自然数 n について，

$$\frac{a_2}{a_1} = \frac{a_3}{a_2} = \cdots = \frac{a_n}{a_{n-1}} = s$$

が成立することです。このとき初項 a_1，公比 s の等比数列の**一般項**とよばれる a_n は次のように表せます：

$$a_n = a_{n-1} \times s = a_{n-2} \times s^2 = \cdots = a_1 \times s^{n-1}. \qquad (\text{復習終わり})$$

　　複利計算では，元本 C が初項 a_1 に，利子を計算する際の $1 + r$ が公比 s の等比数列に相当するので，複利計算における元利合計 $A(n)$ は，次のように計算できます：

定理 1.2　（複利による元利合計）

元本 C 円，年利 r の複利計算による n 年後の元利合計 $A(n)$ は次で与えられる：

(1-2) $\qquad\qquad\qquad A(n) = C(1 + r)^n.$

　　定理 1.2 を用いて，具体的に複利計算による元利合計を求めましょう。

◇**例題 1.8** 元本 10,000 円を年利 0.05 (5%) で借りる。1 年後，2 年後，10 年後の元利合計を複利計算で，小数点以下を四捨五入して求めよ。

【解答】 1 年後の元利合計は，式 (1-2) で $C = 10000, r = 0.05, n = 1$ とおき
$$A(1) = 10000 \times (1 + 0.05)^1 = 10500$$
で 10,500 円です。同様に $n = 2$ とおくと，2 年後の元利合計は
$$A(2) = 10000 \times (1 + 0.05)^2 = 11025$$
で 11,025 円です。また $n = 10$ とおくと，10 年後の元利合計は
$$A(10) = 10000 \times (1 + 0.05)^{10} = 16288.95$$
で，約 16,289 円です。 □

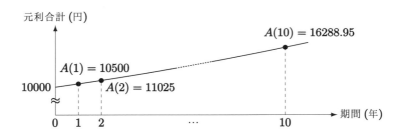

図 8 例題 1.8 の単利による元利合計

○**注 1.4** この例題では，複利でも単利でも $A(1)$ の値は同じです。しかし，2 年後以降を比べると，単利よりも複利のほうが元利合計は大きくなります。実際，単利の場合は式 (1-1) から $A(2) = 11000, A(10) = 15000$ となります。

次に，年によって年利が変わる場合の元利合計について考えましょう。

◇**例題 1.9** 元本を 10,000 円とする。1 年目の年利を 0.01 (1%)，2 年目の年利を 0.03 (3%)，3 年目の年利を 0.05 (5%) とする。1 年後，2 年後，3 年後のそれぞれの元利合計 $A(1), A(2), A(3)$ を複利計算で，小数点以下を四捨五入して求めよ。

1.2 複　利

【解答】　式 (1-2) において $C = 10000$, $r = 0.01$, $n = 1$ とおくと，
$$A(1) = 10000 \times (1 + 0.01)^1 = 10100$$
より，1 年後の元利合計は 10,100 円です。同様に式 (1-2) において $C = A(1) = 10100$, $r = 0.03$, $n = 1$ とおくと，
$$A(2) = A(1) \times (1 + 0.03)^1 = 10100 \times 1.03 = 10403$$
より，2 年後の元利合計は 10,403 円です。同様に $C = A(2)$, $r = 0.05$, $n = 1$ とおくと，
$$A(3) = A(2) \times (1 + 0.05)^1 = 10403 \times 1.05 = 10923.15 \cong 10923$$
より，3 年後の元利合計は約 10,923 円です。　　　□

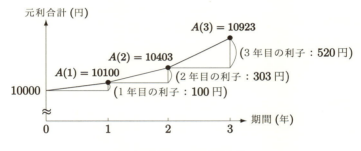

図 9　例題 1.9 の元利合計

◇例題 1.10　元本 100,000 円，年利 0.05 (5％) とする。複利計算をしたとき，元利合計が 200,000 円を超えるのは何年後になるか求めよ。

【解答】　k 年後に，はじめて 200,000 円を超えたとすると，次の不等式が元利合計 $A(k-1)$ と $A(k)$ について成立します：
$$A(k-1) = 100000 \times (1 + 0.05)^{k-1} \leqq 200000,$$
$$A(k) = 100000 \times (1 + 0.05)^k > 200000.$$
これらの不等式を満たす k を求めるために，次の方程式を解きましょう：
$$100000 \times (1.05)^k = 200000.$$
上式より $(1.05)^k = 2$ は明らかで，両辺の対数をとり次のように変形します：
$$\log_{10}(1.05)^k = k \log_{10}(1.05) = \log_{10} 2 \implies k = \frac{\log_{10} 2}{\log_{10} 1.05}.$$

電卓などを用いることで $\log_{10} 2 = 0.3010\cdots$, $\log_{10} 1.05 = 0.02118\cdots$ を得るので，$k \cong 14.20$ となります．(電卓でのキーは $\boxed{\log}$ を用います．)

図 10 のように，
$$A(14) < A(14.2) < A(15)$$
と増加することに注意すると，
$$A(14) = 100000 \times 1.05^{14} < 200000 < A(15) = 100000 \times 1.05^{15}.$$
よって，元利合計は 15 年後に 200,000 円を超えます． □

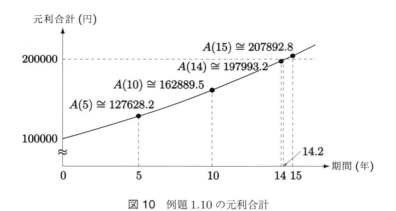

図 10　例題 1.10 の元利合計

通常の複利計算では利子が 1 年ごとにかかりますが，1 年よりも短い半年や 3 か月ごとにかかる場合もあります．

◇**例題 1.11**　元本 10,000 円，年利 0.08 (8％) とする．単位期間が半年の場合は，その利率は年利の半分の 0.04 (4％) とする[5]．同様に単位期間が 3 か月の場合は，その利率を年利率の 1/4 の 0.02 (2％) とする．このとき，1 年目の元利合計 $A(1)$ を 1 年，半年ごと，3 か月ごとの複利計算でそれぞれ求めよ．

---

[5]先ほどの，単位期間の長さに応じた割合で利率が変わる (p.6)，という仮定です．

1.2 複　利　　　　　　　　　　　　　　　　　　　　　　　　　　　15

【解答】　1 年複利では，1 年後の元利合計は
$$A(1) = 10000 \times (1 + 0.08)^1 = 10800 \ [\text{円}].$$
半年複利では，期間が 2 つあるので
$$A(1) = 10000 \times (1 + 0.04)^2 = 10816 \ [\text{円}].$$
3 か月複利では，4 期間なので
$$A(1) = 10000 \times (1 + 0.02)^4 = 10824 \ [\text{円}]. \qquad \square$$

この例題から，利率が同じでも単位期間が短い，すなわち期間数が多いと元利合計が大きくなることがわかります。

続いて，単利の場合と同様に，ランダムに利率が変動する場合を考えます。

◇**例題 1.12**　元本 10,000 円とする。1 年目の年利 r_1 を 0.05 (5 %) とする。2 年目の年利 r_2 は次の確率分布に従ってランダムに変動するものとする：

r_2 の値	0.03	0.05	0.07
確率	$\dfrac{1}{4}$	$\dfrac{1}{2}$	$\dfrac{1}{4}$

このとき，複利計算による 2 年目の元利合計 $A(2)$ の期待値 μ，分散 σ^2，標準偏差 σ を求めよ。

【解答】　$r_1 = 0.05$ より，
$$A(1) = 10000 \times (1 + 0.05) = 10500 \ [\text{円}]$$
です。

$A(2)$ の値は，r_2 の値に応じ，それぞれの場合に分けて求めます。

　・$r_2 = 0.03$ のとき：$A(2) = A(1) \times (1 + r_2) = 10500 \times 1.03 = 10815$，

　・$r_2 = 0.05$ のとき：$A(2) = A(1) \times (1 + r_2) = 10500 \times 1.05 = 11025$，

　・$r_2 = 0.07$ のとき：$A(2) = A(1) \times (1 + r_2) = 10500 \times 1.07 = 11235$

となり，$A(2)$ の確率分布は以下の表のようになります：

$A(2)$	10815	11025	11235
確率	$\dfrac{1}{4}$	$\dfrac{1}{2}$	$\dfrac{1}{4}$

よって，$A(2)$ の期待値 $E[A(2)] = \mu$ は，次のように求まります：
$$\mu = 10815 \times \frac{1}{4} + 11025 \times \frac{1}{2} + 11235 \times \frac{1}{4} = 11025.$$
また，$A(2)^2$ の期待値も次のように求まります：
$$E\left[A(2)^2\right] = 10815^2 \times \frac{1}{4} + 11025^2 \times \frac{1}{2} + 11235^2 \times \frac{1}{4} = 121572675.$$
これらから，分散 $V[A(2)] = \sigma^2$ と標準偏差 σ が次のように求まります：
$$\sigma^2 = E\left[A(2)^2\right] - \mu^2 = 22050, \quad \sigma = \sqrt{22050} \cong 148.5\,. \qquad \Box$$

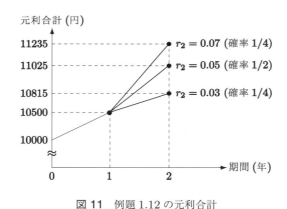

図 11　例題 1.12 の元利合計

次に，1 年目の年利 r_1 と 2 年目の年利 r_2 が，互いに関連しつつ変動する場合を考えます。

◇**例題 1.13**　元本 10,000 円とする。1 年目の年利 r_1，2 年目の年利 r_2 は，次の確率分布に従ってランダムに変動するものとする：

(**1-3**)
$$P\{r_1 = 0.01,\ r_2 = 0.02\} = \frac{1}{2},$$
$$P\{r_1 = 0.02,\ r_2 = 0.04\} = \frac{1}{2}.$$

このとき，複利計算による 2 年目の元利合計 $A(2)$ の期待値 μ，分散 σ^2，標準偏差 σ を求めよ。

1.2 複利

【解答】 $A(1)$ と $A(2)$ の値は，r_1, r_2 の確率分布 (1-3) に従って変動することから，それぞれの場合に分けて求めます．

・$r_1 = 0.01$, $r_2 = 0.02$ のとき：
$A(1) = 10000 \times (1 + 0.01) = 10100,$
$A(2) = A(1) \times (1 + 0.02) = 10000 \times 1.01 \times 1.02 = 10302.$

・$r_1 = 0.02$, $r_2 = 0.04$ のとき：
$A(1) = 10000 \times (1 + 0.02) = 10200,$
$A(2) = A(1) \times (1 + 0.04) = 10000 \times 1.02 \times 1.04 = 10608$

となり，$A(2)$ の確率分布は以下の表のようになります：

$A(2)$ の値	10302	10608
確率	$\frac{1}{2}$	$\frac{1}{2}$

よって，$A(2)$ の期待値 $E[A(2)] = \mu$ は，次のように求まります：

$$\mu = 10302 \times \frac{1}{2} + 10608 \times \frac{1}{2} = 10455.$$

また，$A(2)^2$ の期待値も次のように求まります：

$$E\left[A(2)^2\right] = 10302^2 \times \frac{1}{2} + 10608^2 \times \frac{1}{2} = 109330434.$$

これらから，分散 σ^2 と標準偏差 σ が次のように求まります：

$$\sigma^2 = E\left[A(2)^2\right] - \mu^2 = 23409, \quad \sigma = \sqrt{23409} = 153. \qquad \Box$$

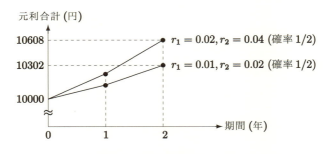

図 12　例題 1.13 の元利合計

1.3 連 続 複 利

　ここでは，金利の単位期間を短くすることで複利計算がどのように変化するかを考えます．元本を 10,000 円，年利 0.12 (12 %) とします．月利をその 12 分の 1 の 0.01 (1 %)，日利を年利の 365 分の 1 とすることで，1 年間の元利合計 $A(1)$ をそれぞれの場合について求めます．

　単位期間が 1 年の場合は，元利合計 $A(1)$ は単利と同様に次のように求まります：

$$A(1) = 10000 \times (1 + 0.12)^1 = 11200 \ [円].$$

　単位期間が 1 か月の場合は，月利が $0.12 \times \dfrac{1}{12}$ で複利計算をします：

$$A(1) = 10000 \left(1 + 0.12 \times \frac{1}{12}\right)^{12} \cong 11268.25 \ [円].$$

　単位期間が 1 日の場合は，日利を $0.12 \times \dfrac{1}{365}$ としたので，次のように求まります：

$$A(1) = 10000 \left(1 + 0.12 \times \frac{1}{365}\right)^{365} \cong 11274.75 \ [円].$$

　ではさらに，単位期間を 1 時間として，1 時間ごとの利率を $0.12 \times \dfrac{1}{365 \times 24}$ とすると，1 年間の元利合計は

$$A(1) = 10000 \left(1 + 0.12 \times \frac{1}{365 \times 24}\right)^{365 \times 24} \cong 11274.96 \ [円]$$

と求まります．同様にして，1 分間，1 秒間まで単位期間を短くしたときの元利合計が下の表です (図 13 参照)：

単位期間	1 年	1 か月	1 日	1 時間	1 分	1 秒
元利合計 $A(1)$	11200	11268.25	11274.75	11274.96	11274.97	11274.97

　1 分間と 1 秒間では小数第 3 位を四捨五入したので同じ値になっています．

　ところで単位期間を短くすると，元利合計の「極限値」が考えられそうです．次のように考えてみましょう．

　C を元本，r を年利率，$\dfrac{1}{m}$ を利子がかかる単位期間 (年) として，その期間

1.3 連続複利

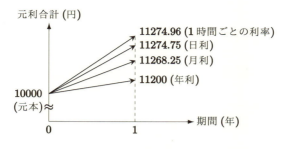

図 13 いろいろな単位期間による元利合計

での利率を $\dfrac{r}{m}$ とします．このとき，複利計算による 1 年後の元利合計 $A_m(1)$ は，次の計算で求まります：

$$A_m(1) = C\left(1 + \frac{r}{m}\right)^m.$$

この式で m を無限大に近づけると，つまり単位期間を限りなく短くしていくと

(1-4) $$\lim_{m\to\infty} C\left(1 + \frac{r}{m}\right)^m = C \lim_{m\to\infty}\left\{\left(1 + \frac{1}{m/r}\right)^{m/r}\right\}^r$$

となります．

この複雑そうにみえる式は「**自然対数の底**」を用いることですっきりします．自然対数の底 e とは，次の極限として得られる値です：

$$e = \lim_{x\to\infty}\left(1 + \frac{1}{x}\right)^x.$$

この値は $2.71828\cdots$ という値に収束することが知られています．上の式で，$x = m/r$ と置き換えれば，

(1-5) $$C\lim_{m\to\infty}\left\{\left(1 + \frac{1}{m/r}\right)^{m/r}\right\}^r = C\lim_{m\to\infty}\left\{\left(1 + \frac{1}{x}\right)^x\right\}^r = Ce^r$$

という式がでてきます．

同様にして，単位期間を限りなく短くして 0 に近づけることで，連続時間 $t \geqq 0$ における複利計算が考えられます．$\dfrac{1}{m}$ 年ごとに利子がかかる場合，t 年後の元利合計 $A_m(t)$ は

$$A_m(t) = C\left(1 + \frac{r}{m}\right)^{mt}$$

であるので，$m \to \infty$ とした場合の t 年後の元利合計 $A(t)$ は，(1-4), (1-5) より次のように求められます：

$$(\textbf{1-6}) \qquad A(t) = \lim_{m \to \infty} C\left(1 + \frac{r}{m}\right)^{mt}$$

$$= \lim_{m \to \infty} C\left\{\left(1 + \frac{1}{m/r}\right)^{m/r}\right\}^{rt} = Ce^{rt}.$$

このようにして計算される複利計算を「**連続複利**」とよびます．連続複利は「単位期間が 0」の状況を考えているので現実的ではありませんが，金利がかかる単位期間を設定する必要がなく，自由な複利計算ができることと，微分積分などの操作がしやすいことから経済学や金融工学などの理論的な考察においては頻繁に用いられます．

○**注 1.5** 連続複利は式 (1-6) のような極限を用いることで導出されます．このような極限値が存在することは「$A_m(1)$ が m について単調に増加する」ことと「上に有界である」ことから保証されます．これらから，利子のかかる単位期間をいくら短くしても，その元利合計は連続複利を超えません (例題 1.14, 1.15 も参照して下さい)．

定理 1.3 （連続複利による元利合計）

元本 C，年利 r の連続複利による t 年後の元利合計 $A(t)$ は次で与えられる．正の実数 t に対して

$$(\textbf{1-7}) \qquad\qquad A(t) = Ce^{rt} \quad (t \geqq 0).$$

定理 1.3 を用いて，具体的に連続複利による元利合計を求めましょう．

◇**例題 1.14** 元本 10,000 円，年利 0.04 (4 %) とする．1 年後，2 年後，10 年後の元利合計を，単利，単位期間 1 年の複利，連続複利のそれぞれの計算法で，小数点第 1 位を四捨五入をし，整数で求めよ．

1.3 連続複利　　21

【解答】　元利合計を式 (1-1)，式 (1-2)，式 (1-7) を用いて求めます。

単　利

$$A(1) = 10000 \times (1 + 1 \times 0.04) = 10400 \ [円],$$

$$A(2) = 10000 \times (1 + 2 \times 0.04) = 10800 \ [円],$$

$$A(10) = 10000 \times (1 + 10 \times 0.04) = 14000 \ [円].$$

1 年複利

$$A(1) = 10000 \times (1 + 0.04)^1 = 10400 \ [円],$$

$$A(2) = 10000 \times (1 + 0.04)^2 = 10816 \ [円],$$

$$A(10) = 10000 \times (1 + 0.04)^{10} \cong 14802 \ [円].$$

連続複利

$$A(1) = 10000 \times e^{1 \times 0.04} \cong 10408 \ [円],$$

$$A(2) = 10000 \times e^{2 \times 0.04} \cong 10833 \ [円],$$

$$A(10) = 10000 \times e^{10 \times 0.04} \cong 14918 \ [円]. \qquad \square$$

○注 1.6　$e^{1 \times 0.04}$ などの値は電卓を用いて計算します。電卓によってはキーが $\boxed{e^x}$ でなく $\boxed{\exp x}$ の場合もあります。

例題 1.14 から，同じ期間の元利合計で比べると，連続複利が他の場合よりも大きいことがわかります。

◇**例題 1.15**　元本 10,000 円，年利 0.02 (2 %) とする。

(i) 10 日後，30 日 (1 か月) 後，182.5 日 (半年) 後，200 日後の元利合計を連続複利の式 (1-7) を用いて小数点第 1 位を四捨五入して求めよ。ただし，1 年は 365 日とする。

(ii) 単利の式 (1-1)，1 年複利の式 (1-2)，連続複利の式 (1-7) を用いて，元利合計 $A(t)$ が 20,000 円を超える整数 t の範囲をそれぞれ求めよ。

【解答】(i) それぞれの日数を年で表し，10/365, 30/365, 182.5/365, 200/365 を式 (1-7) に代入します：

$$A\left(\frac{10}{365}\right) = 10000 \times e^{\frac{10}{365} \times 0.02} \cong 10001 \ [円],$$

$$A\left(\frac{30}{365}\right) = 10000 \times e^{\frac{30}{365} \times 0.02} \cong 10016 \,[円],$$

$$A\left(\frac{182.5}{365}\right) = 10000 \times e^{\frac{182.5}{365} \times 0.02} \cong 10101 \,[円],$$

$$A\left(\frac{200}{365}\right) = 10000 \times e^{\frac{200}{365} \times 0.02} \cong 10110 \,[円].$$

(ii) 元利合計が 20,000 円を超える t は，それぞれ次の不等式で求まります：

単　利

$$A(t) = 10000(1 + 0.02t) > 20000 \implies t > 50 \text{ より，} 51 \text{ 年後以後。}$$

1 年複利

$$A(t) = 10000(1 + 0.02)^t > 20000 \implies 1.02^t > 2.$$

ここで $\log_{1.02} 2 = 35.002\cdots$ で $t > 35.002\cdots$ より，36 年後以後。

連続複利

$$A(t) = 10000 e^{0.02t} > 20000 \implies e^{0.02t} > 2 = e^{\log_e 2}.$$

電卓など使い $\log_e 2 = 0.6931\cdots$ から $t > \dfrac{\log_e 2}{0.02} = 34.657\cdots$ ですから，35 年後以後。(電卓のキーは $\boxed{\log}$ でなく $\boxed{\ln}$ です。) □

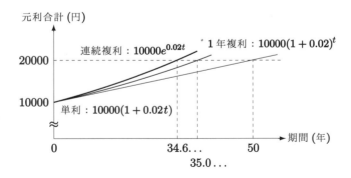

図 14　例題 1.15 の元利合計

○注 1.7　例えば連続複利での t の小数点以下は (1 年を 365 日として) $0.657\cdots \times 365 = 239.936\cdots$ として日数に変換できます。同様にして，22 時間 27 分 54.3$\cdots$ 秒を得ます。また，連続複利を考えるときは，$a = e^{\log_e a}$　という式をよく使います。そこで，

1.3 連続複利   23

$\log_e$ という記号を $\ln$ と表し「自然対数」とよぶことがあります。

次に，2 年目の年利 r_2 がランダムに変動する場合を考えましょう。

◇**例題 1.16** 元本 10,000 円とする。1 年目の年利 r_1 を $0.05\,(5\,\%)$ とする。2 年目の年利 r_2 は，次の確率分布に従ってランダムに変動するものとする：

r_2 の値	0.03	0.05	0.07
確率	$\frac{1}{4}$	$\frac{1}{2}$	$\frac{1}{4}$

このとき，連続複利による 2 年目の元利合計 $A(2)$ の期待値 μ，分散 σ^2，標準偏差 σ を小数点第 1 位を四捨五入することで求めよ。

【**解答**】 1 年目の利率は $r_1 = 0.05$ より，
$$A(1) = 10000 \times e^{0.05} \cong 10513 \ [円].$$

2 年目は，確率 $\frac{1}{4}$ で利率 $r_2 = 0.03$ となり
$$A(2) = A(1) \times e^{0.03} = 10000 \times e^{0.05} \times e^{0.03} \cong 10833 \ [円],$$
また，確率 $\frac{1}{2}$ で利率 $r_2 = 0.05$ となり
$$A(2) = A(1) \times e^{0.05} = 10000 \times e^{0.05} \times e^{0.05} \cong 11052 \ [円],$$
さらに，確率 $\frac{1}{4}$ で利率 $r_2 = 0.07$ となり
$$A(2) = A(1) \times e^{0.07} = 10000 \times e^{0.05} \times e^{0.07} \cong 11275 \ [円].$$
以上から $A(2)$ の確率分布は以下の表のように与えられます：

$A(2)$	10833	11052	11275
確率	$\frac{1}{4}$	$\frac{1}{2}$	$\frac{1}{4}$

ゆえに $A(2)$ の期待値 μ は，次のように求まります：
$$\mu = 10833 \times \frac{1}{4} + 11052 \times \frac{1}{2} + 11275 \times \frac{1}{4} \cong 11053.$$
また，$A(2)^2$ の期待値も次のように求まります：
$$E\left[A(2)^2\right] = 10833^2 \times \frac{1}{4} + 11052^2 \times \frac{1}{2} + 11275^2 \times \frac{1}{4} \cong 1.222 \times 10^8.$$

これらから，分散 σ^2 と標準偏差 σ が次のように求まります：
$$\sigma^2 = E\left[A(2)^2\right] - \mu^2 \cong 2.442 \times 10^4, \quad \sigma \cong 156. \qquad \square$$

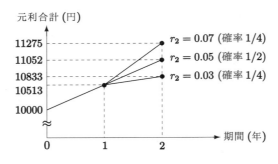

図 15　例題 1.16 の元利合計

最後に，現時点より先の時点 $t = m$ での元利合計 $A(m)$ から，さらに将来の時点 $t = n > m$ における元利合計 $A(n)$ を求める方法について考えてみましょう。

◇**例題 1.17**　単位を年とした時点 $m\,(0 \leqq m < n)$ について，年利率を一定の値 r とする。このとき，m 年後の元利合計 $A(m)$ から n 年後の元利合計 $A(n)$ の値を，単利，単位期間 1 年の複利，連続複利とそれぞれの計算法によって求めよ。

【解答】 単利の場合は，元本を C とおくと，時点 $t = n$ は $t = m$ から $n - m$ 年後ですので，式 (1-1) より，
$$A(n) = A(m) + C(n - m)r$$
です。

1 年ごとの複利の場合は，時点 $t = m$ を出発点と考えることで，式 (1-2) より，
$$A(n) = A(m) \times (1 + r)^{n-m}$$
です。

1.3 連続複利　　　　　　　　　　　　　　　　　　　　　　　　25

連続複利の場合は，式 (1-7) より，

$$A(n) = A(m) \times e^{(n-m)r}$$

です。　　　　　　　　　　　　　　　　　　　　　　　　　　　　□

第1章のまとめ ─────────

　いろいろな種類の金利計算による元利合計の求め方を学びました。元利合計の計算は，単に借金のためのものではなく，資金の流れをつかむための新しい視点を与えます。金融理論は抽象的な概念が多く難しいと感じることがたびたびあると思いますが，基本的な考え方は，複雑な資金の流れを正確に追うことです。その第一歩として，本章での学習を通じて，元利合計の計算に慣れて下さい。

2

割引とは何か (価値と価格の違いを考えよう)

　突然ですが，あなたは明日もらえる 100 万円と，100 年後にもらえる 1 億円
のどちらを選びますか。多くの人は明日もらえる 100 万円を選ぶでしょう。と
いうのは，あなたの年齢が 20 歳とすると，100 年後は 120 歳になり，1 億円を
もらえる可能性が極端に低い，と判断できるからです。この例えは極端ですが，
現在と未来では同じ金額のお金でもその「価値」が異なります。

　ここでは，資産の単なる金額を**価格**とよび，実際に "その価格の資産を得る
ことができる時点とその価格をセットにした情報" を**価値**とよびます。このよ
うにして，価格と価値を区別して考えることにします。この章では，前の章で
学んだ利子の計算に続き，割引の考え方を学びます。

2.1　割引の考え方

　現在時点 $t = 0$ での価格を「**現在価値**」とよびます。また，異なる時点でそ
れぞれの価格が定められた複数の資産は "**現在価値の大きさによって価値が比
較されます**"。今後は現金，金，不動産や株式，銀行預金，投資信託のような各
種の金融商品など価格をつけることができるものをすべて「資産」とよぶこと
にします。

　では，現在価値の計算法について説明します。この考え方は，手に入れるこ
とができる時点が異なる複数の資産価値を比較するために必要です。このため
に「**割引**」という計算法を用います。割引は金利計算と逆に，未来の時点での

27

資産価格を，それ以前の時点での価格に直す方法です。割引の考え方はファイナンス理論の根幹ですので十分に理解して下さい。

割引の考え方を説明するために，次の三種類の定期預金を考えます。ただし，年利 0.2 (20%) の 1 年ごとの複利を仮定します：

・1 年後に満期となり 11,000 円がもらえる定期預金 α

・2 年後に満期となり 13,000 円がもらえる定期預金 β

・3 年後に満期となり 15,000 円がもらえる定期預金 γ

これら三種類の定期預金は，現金化して使うことができる時期である満期が異なるので，額面価格の 11,000 円，13,000 円，15,000 円をこのまま比較することはできません。そこで，満期での価格からさかのぼり，現時点 $t = 0$ での価格，すなわち元本を求める割引計算によって，それらのなかで最も価格の高い定期預金が価値が高いと考えることにします。

定期預金 α

元本を C_α，1 年後の元利合計を $A_\alpha(1)$ で表します。式 (1-2) を用いて，元本は次のように求められます：

$$A_\alpha(1) = C_\alpha(1 + 0.2) = 11000 \quad \Longrightarrow \quad C_\alpha = \frac{11000}{1.2} \cong 9167 \ [円].$$

定期預金 β

元本を C_β，2 年後の元利合計を $A_\beta(2)$ で表します。式 (1-2) を用いて，元本は次のように求められます：

$$A_\beta(2) = C_\beta(1 + 0.2)^2 = 13000 \quad \Longrightarrow \quad C_\beta = \frac{13000}{1.2^2} \cong 9028 \ [円].$$

定期預金 γ

元本を C_γ，3 年後の元利合計を $A_\gamma(3)$ で表します。式 (1-2) を用いて，元本は次のように求められます：

$$A_\gamma(3) = C_\gamma(1 + 0.2)^3 = 15000 \quad \Longrightarrow \quad C_\gamma = \frac{15000}{1.2^3} \cong 8681 \ [円].$$

これらの計算から $C_\gamma < C_\beta < C_\alpha$ となり，定期預金 α の現在価値が最も高いことがわかります (図 1)。ここで，$\dfrac{1}{1.2}$, $\dfrac{1}{1.2^2}$, $\dfrac{1}{1.2^3}$ は**割引率**とよばれます。

2.1 割引の考え方   29

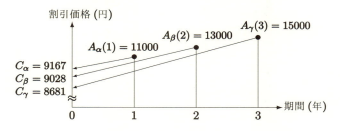

図 1　定期預金 α, β, γ の現在価値 (元本)

◇**例題 2.1**　年利率 0.1 (10％) で，2 年後に 12,100 円がもらえる定期預金について，単利，1 年複利，連続複利でのそれぞれの現在価値である元本を割引計算で求めよ。

【解答】　元本 C 円の 2 年後の元利合計 $A(2)$ は式 (1-1), (1-2), (1-7) を用いて，次のように表されます：

単　利

$$A(2) = C(1 + 2 \times 0.1) = 12100 \quad \Longrightarrow \quad C = \frac{12100}{1.2} = 10083 \ [円].$$

1 年複利

$$A(2) = C(1 + 0.1)^2 = 12100 \quad \Longrightarrow \quad C = \frac{12100}{1.1^2} = 10000 \ [円].$$

連続複利

$$A(2) = Ce^{2 \times 0.1} = 12100 \quad \Longrightarrow \quad C = \frac{12100}{e^{0.2}} \cong 9907 \ [円]. \qquad \Box$$

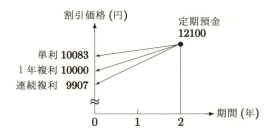

図 2　例題 2.1 の割引と元本

割引計算は，第 1 章で説明した元利合計を求める計算 (1-1), (1-2), (1-7) を用いて方程式を解く，という意味で逆の演算といえます．この計算によって，未来の価値を現在の価値で考えるという「時間を逆にみる操作」を考えることができます．

例題 1.17 では，年利率が一定の値 r で，時点 m $(0 \leqq m < n)$ での元利合計 $A(m)$ の値から将来時点 n での元利合計 $A(n)$ の値を計算しましたが，時間を逆にみることで $A(n)$ の値からその**割引価格** $A(m)$ の値を計算できます．例題 1.17 の結果は次の 3 つでした．C を元本とすると，

利子	単利	1 年複利	連続複利
$A(n)$ の値	$A(m) + C(n-m)r$	$A(m)(1+r)^{n-m}$	$A(m)e^{(n-m)r}$

この結果から，次の割引計算の式を得ます：

定理 2.1 （割引計算）
年利率が一定の値 r で $A(n)$ を時点 n における元利合計とする．$0 \leqq m < n$ の時点 m における元利合計 $A(m)$ は，次のように定まる：

利子	単利	1 年複利	連続複利
割引価格 $A(m)$ の値	$A(n) - C(n-m)r$	$\dfrac{A(n)}{(1+r)^{n-m}}$	$\dfrac{A(n)}{e^{(n-m)r}}$

○**注 2.1** 注 1.4 では，年利率が同じであれば連続複利による元利合計が単利・複数年複利よりも大きいことを説明しましたが，割引計算では逆の演算を考えるので，連続複利の現在価値が一番小さくなります．

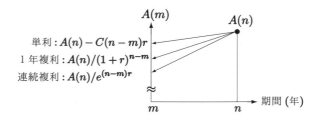

図 3 複利と割引の関係

2.1 割引の考え方

では，次の例題を考えてみましょう．

◇**例題 2.2** 年利 0.05 (5%) とする．10 年後に $1,000,000$ 円がもらえる国債を考える (10 年満期国債)．この国債の，現在から 8 年後，5 年後，3 年後の割引価格と現在価値である元本を 1 年複利によって，小数点第 1 位を四捨五入することで求めよ．

【解答】 1 年複利の割引計算式 $A(m) = \dfrac{A(n)}{(1+r)^{n-m}}$ に $n=10,\ m=8,5,3,0$ を代入します：

$$A(8) = \frac{A(10)}{(1+0.05)^{10-8}} = \frac{1000000}{1.05^2} \cong 907030 \ [\text{円}],$$

$$A(5) = \frac{A(10)}{(1+0.05)^{10-5}} = \frac{1000000}{1.05^5} \cong 783526 \ [\text{円}],$$

$$A(3) = \frac{A(10)}{(1+0.05)^{10-3}} = \frac{1000000}{1.05^7} \cong 710681 \ [\text{円}],$$

$$A(0) = \frac{A(10)}{(1+0.05)^{10-0}} = \frac{1000000}{1.05^{10}} \cong 613913 \ [\text{円}]. \qquad \square$$

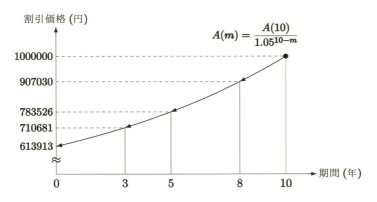

図 4　例題 2.2 の割引価格

2.2 割引の応用

割引計算で，時点 n における価格 $A(n)$ から，時点 m における価格 $A(m)$ を求めましたが，ローン (借金) の支払いも同じ考え方に基づいて計算できます。この節では，ローンを均等払いする場合について考えます。ここで均等払いとは，毎年 (もしくは毎期間) 同じ返済額で借金を返すことをいいます。毎年に支払う金額が同じでも，利子が付くことから各時点で支払った金額の価値は異なります。そこで，各時点での均等払いの金額を現在価値に直し，それらを合計したものを時点 0 で借りる金額に一致させる，という「時間を逆にみる」方法で方程式をたてて計算します。

◇例題 2.3　1,000,000 円の銀行ローンを年利 $r = 0.02\,(2\,\%)$ で借りる。返済方法は，期間 1 年で 3 回に分割した均等払いとする。このとき，毎年の支払額を 1 年複利での計算によって求めよ。

【解答】返済する一定額を x 円とします。異なる時点の 3 回の返済額の現在価値を割引計算によって求めます (図 5)。

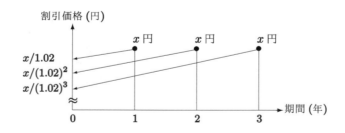

図 5　例題 2.3 の各年の割引価格

1 年後に支払う x 円の現在価値は，$A_1(0) = \dfrac{x}{1.02}$ です。2 年後に支払う x 円の現在価値は，$A_2(0) = \dfrac{x}{1.02^2}$ です。そして，3 年後に支払う x 円の現在価値は，$A_3(0) = \dfrac{x}{1.02^3}$ です。

これらの合計が現時点で借りた 1,000,000 円に等しくなる，すなわち，

2.2 割引の応用 　　　33

$$A_1(0) + A_2(0) + A_3(0) = 1000000$$

が成立するように x を定めます：

$$\frac{x}{1.02} + \frac{x}{1.02^2} + \frac{x}{1.02^3} = \frac{(1.02^2 + 1.02 + 1)x}{1.02^3} = 1000000$$

が成り立ち，この方程式の解は次のようになります：

$$x = 1000000 \times \frac{1.02^3}{1.02^2 + 1.02 + 1}$$

$$= 1000000 \times \frac{1.061208}{3.0604} \cong 346755.$$

これより，約 346,755 円の 3 回均等払いになります。　　　□

次に，各年の年利率が変動する場合に，ローンを均等払いする問題を考えましょう。

◇例題 2.4　1,000,000 円を借りて 3 年間で返済する。ただし，1 年目の年利は $r = 0.02\,(2\,\%)$，2 年目の年利は $r = 0.04\,(4\,\%)$，3 年目の年利は $r = 0.06\,(6\,\%)$ とする。また，返済方法は，期間 1 年で 3 回に分割した均等払いとする。このとき，毎年の支払額を単利，1 年複利，連続複利の計算によってそれぞれ求めよ。

【解答】　各々の方法について解説します。

単　利　現時点での割引価格に対して各年の利子がかかります。複利の場合と考え方は同じですが，式は異なります。毎年支払う均等払い返済額を x 円とします。

1 年後に支払う x 円の現在価値を y_1 円とすると，この場合は 1 年複利と同じ計算で，

$$y_1 = \frac{x}{1.02}$$

です。

2 年後に支払う x 円の現在価値を y_2 円とすると，1 年目の利子と 2 年目の利子が y_2 円に対してかかるので，

$$y_2 + y_2 \times 0.02 + y_2 \times 0.04 = x$$

が成立します。この式を y_2 について解くと次のようになります：

$$y_2 = \frac{x}{1 + 0.02 + 0.04} = \frac{x}{1.06}.$$

3年後に支払う x 円の現在価値を y_3 円とすると，各年の利子が y_3 円に対してかかるので，

$$y_3 + y_3 \times 0.02 + y_3 \times 0.04 + y_3 \times 0.06 = x$$

が成立します。この式を y_3 について解きます：

$$y_3 = \frac{x}{1 + 0.02 + 0.04 + 0.06} = \frac{x}{1.12}.$$

ここで，各年に支払う x 円の現在時点への割引額の合計 $y_1 + y_2 + y_3$ が現時点 $t = 0$ で借りた 1,000,000 円に一致するように方程式をたてます：

$$y_1 + y_2 + y_3 = \frac{x}{1.02} + \frac{x}{1.06} + \frac{x}{1.12} = 1000000.$$

これを x について解くと次のようになります：

$$\begin{aligned}
x &= \frac{1000000}{\frac{1}{1.02} + \frac{1}{1.06} + \frac{1}{1.12}} \\
&= \frac{1.02 \times 1.06 \times 1.12 \times 1000000}{1.06 \times 1.12 + 1.02 \times 1.12 + 1.02 \times 1.06} \\
&= \frac{1210944}{3.4108} \cong 355032 \,[\text{円}].
\end{aligned}$$

1年複利　1年後に支払う x 円の現在価値 y_1 円は次で決まります：

$$y_1 = \frac{x}{1.02}.$$

2年後に支払う x 円の現在価値を y_2 円とすると，1年前での割引価格は $\dfrac{x}{1.04}$ 円です。さらに1年さかのぼるので，$t = 0$ での割引価格は次で決まります：

$$y_2 = \frac{x}{1.04} \times \frac{1}{1.02} = \frac{x}{1.04 \times 1.02}.$$

2.2 割引の応用

3 年後に支払う x 円の現在時点での割引価格 y_3 円も，同様の計算で次で決まります：

$$y_3 = \frac{x}{1.06} \times \frac{1}{1.04} \times \frac{1}{1.02} = \frac{x}{1.06 \times 1.04 \times 1.02}.$$

以上の合計が元本 1,000,000 円に一致する方程式をたてます：

$$y_1 + y_2 + y_3 = \frac{x}{1.02} + \frac{x}{1.04 \times 1.02} + \frac{x}{1.06 \times 1.04 \times 1.02} = 1000000.$$

この方程式を解くと，各年の支払額は次のようになります：

$$x = \frac{1000000}{\frac{1}{1.02} + \frac{1}{1.04 \times 1.02} + \frac{1}{1.06 \times 1.04 \times 1.02}}$$

$$= \frac{1000000 \times 1.02 \times 1.04 \times 1.06}{1.04 \times 1.06 + 1.06 + 1} \cong 355568 \,[\text{円}].$$

連続複利 1 年後に支払う x 円の現在価値 y_1 円は次で決まります：

$$y_1 = \frac{x}{e^{0.02}}.$$

2 年後に支払う x 円の現在価値 y_2 円は次で決まります：

$$y_2 = \frac{x}{e^{0.04}} \times \frac{1}{e^{0.02}} = \frac{x}{e^{0.06}}.$$

3 年後に支払う x 円の現在価値 y_3 円は次で決まります：

$$y_3 = \frac{x}{e^{0.06}} \times \frac{1}{e^{0.04}} \times \frac{1}{e^{0.02}} = \frac{x}{e^{0.12}}.$$

以上の合計が元本 1,000,000 円に等しくなる方程式をたてます：

$$y_1 + y_2 + y_3 = \frac{x}{e^{0.02}} + \frac{x}{e^{0.06}} + \frac{x}{e^{0.12}} = 1000000.$$

この方程式を解くと，各年の支払額は

$$x = \frac{1000000}{e^{-0.02} + e^{-0.06} + e^{-0.12}} \cong 356013 \,[\text{円}]$$

のようになります。 □

◎復習 2.1 （指数法則） $e^{\alpha} \times e^{\beta} = e^{\alpha+\beta}$ が成り立ちます。 （復習終わり）

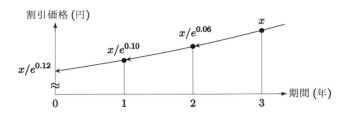

図 6　例題 2.4 の 3 年目に支払う x 円の連続複利による割引

○注 2.2　各年の利率が変動する場合も，連続複利の現在価値が小さくなります。この例題の状況では，単利の場合が毎年の返済額が一番少なく，1 年複利，連続複利の順に毎年の返済額は大きくなります。

第 2 章のまとめ

　いろいろな割引計算について学びました。割引は受け取る時点が異なる資産価値を比較するための，重要な考え方です。また，割引はオプション価格を求める場合にも大きな役割を果たします。元利合計と割引という正反対の計算法について十分習熟することが，ファイナンス理論を理解するうえで大変重要です。

3

信用取引，現物取引，先物取引，先渡取引，空売り，空買い

　証券取引所で取引される株式だけでなく，金・石油などの鉱物や大豆・米などの穀物も「金融派生商品」として，商品取引所で取引されます。これらの取引所を中心に，証券会社や銀行などの金融系の企業が参入して金融市場 (financial market) がつくられています。このような金融市場で，どのような方法で取引が行われているかを知ることは，金融理論を理解するために重要なことです。

　"商品の取引" と上で述べましたが，金融市場で行われる取引のひとつに「信用取引」というものがあります。これは，私たちがスーパーマーケットやコンビニエンスストアでレジで代金を支払い，商品を受け取るような取引 (これは「現物取引」とよばれます) とは異なります。

　この章では，金融市場での信用取引をはじめとした，いくつかの取引法について解説しますが，そのまえにまず，取引の対象となる証券，株式，債券について簡単にまとめておきます。

3.1　証券，株式，債券，リスクの証券化について

　証券 (有価証券) とは株式・債券・手形・小切手など，その所有者の財産権を表す証書のことです。例えば，**株式**は企業が資金を集めるために発行する証書ですが，企業には，その株式を購入するために支払われたお金の返済の義務はありません。しかし，株式の所有者 (株主) には企業の利益からの配当を受けることや，保有する株式数に応じて企業の経営に参加する権利をもつことができ

37

ます。さらに株式が証券取引所に上場された場合は，株式の売買によって利益を得ることができます。

一方，**債券**も証券の一種で，株式と同様に資金を集めるために用いられます。しかし株式と異なり債券は借金ですので，債券の発行者は決められた満期までに利子を加えて返済する義務があります。代表的な債券として，国が発行する債券を**国債**とよびます。また，企業が発行する債券は**社債**とよばれ，両者とも証券会社から購入することができます。

近年，「リスクの証券化」とよばれる手法が金融の主流になりつつあります。第4章で詳しく取り上げるオプションは，先物取引によって生じるリスクを証券化したものです。リスクの証券化とは，一種の保険の請負のようなものです。例えば，ある人が銀行で年利8%の3,000万円の住宅ローンを組んだとしましょう。ただし，ローンを支払えなくなった場合は，**担保**[1]となる住宅を売却することによってローンの残高を返済する契約になっているとします。このとき，ローンが支払われず，さらに担保となる住宅を売却しても清算できないときに，その債務残高を保証する (代わりに支払う義務を負う) 証券を年利3%で発行したとします。住宅ローンを貸し付けた銀行は，毎年得られる利息は5%に減りますが，この証券によって最終的にすべての負債を負うことはなくなります。一方，この証券を購入した投資家は，順調にローンの返済が完了すれば，わずかな投資で年利3%の利息という大きな利益を得ることができます。

この証券は，ローンのデフォルトによる不良債務というリスクを対象とした証券で，このような証券を発行することによってリスクを軽減する手法を**リスクの証券化**とよびます。リスクの証券化はリスクの軽減に有効な手段ですが，このような証券の価格を決めるために，将来リスクが発生する確率を正確に推定する必要があります。実は，このリスクが発生する確率の推測を大きく誤ったために，いわゆるリーマンショックが起こり，何年にもわたり世界中が空前の不況に陥りました。

---

[1]**担保**とは，借金が返せなくなった場合 (**デフォルト**という) に備えて，借主が貸主に預ける資産 (お金や証券，不動産など) のことです。

3.1 証券，株式，債券，リスクの証券化について　　39

コラム：リーマンショックとは何だったか

　平成 20 年 9 月 15 日に，アメリカの代表的な投資銀行であったリーマン・ブラザーズが，総額約 6000 億ドルという巨額の負債によって倒産したことから始まった国際的な金融危機がリーマンショックです。リーマンショック後，日経225 平均株価は半額に下落し，為替は 1 ドル 80 円まで円高が進み，日本経済は空前の不況に陥りました。

　今世紀のはじめごろ，アメリカに不動産バブルが起こり，毎年不動産価格が上昇しました。このとき，リーマン・ブラザーズはサブプライム・ローンという低所得者向け住宅ローンのデフォルト (債務者がローンを返済できないこと) の信用保証を目的とした証券 (デリバティブの一種) を売り出しました。**信用保証**とは，ローン債務者が返済できない場合に，代わりにそのローンを支払うことを意味します。また，このような証券を発行することは「リスクの証券化」とよばれ，当時，最先端の金融工学[2] でした。サブプライム・ローンは年利 10 % を超える高金利でした。サブプライム・ローンを保証する証券がいくつかありましたが，そのなかで CDS (クレジット・デフォルト・スワップ) とよばれる証券は大変高利回りで信用度も高く (そのように宣伝されていました)，保険会社などの機関投資家に世界中で大量に売られました。

　当初は不動産価格の上昇によって，たとえ債務者がサブプライム・ローンの支払いが不可能になっても，担保の住宅を売却すればデフォルトとならず，CDSなどのサブプライム・ローンの信用保証に関係する証券は順調に利益を上げます。しかし，平成 19 年 (2007 年) になって，アメリカの不動産バブルが終了し，不動産の急激な下落が起こりました。不動産バブル崩壊と同時に担保の住宅価格が大きく下落したために，サブプライム・ローンのデフォルトが大量に発生しました。そのため，このような証券を保有する機関投資家に多額の負債が発生しました。しかし，その額は到底，一企業が支払える金額ではなく，サブプライム・ローンに関係した機関投資家である多くの企業が多額の負債をかかえることになりました。このために，まず証券を売り出したリーマン・ブラザーズが倒産し，その後，AIG のようなアメリカを代表する保険会社も倒産の危機に陥りました。(その後は日本のバブル崩壊後と同様に，政府の損失補填による救済策によって，なんとかリーマンショックを乗り切ることができました。)

---

　[2] 数学に基づくファイナンス理論を用いて，自在に金融リスクをコントロールする技術のことをいいます。第 4 章で説明する「オプション」は，オプションライターとオプションホルダー両者のリスクを証券化したものです。また，多くの金融機関によって発行されるデリバティブ(金融派生商品) も金融工学の手法を用いて設計されています。

40　　　　　　　3. 信用取引，現物取引，先物取引，先渡取引，空売り，空買い

コラム：リーマンショックの日本への影響

　リーマンショックはリーマン・ブラザーズという一企業が発行した証券のデフォルトによって，世界中が金融危機に陥るという歴史的な事件です。また，リーマンショックは「リスクの証券化」とよばれる，金融工学における先端技術の危うさを実証したもので，その後の金融理論の発展にも大きな影響を与えています。

　一方，日本ではサブプライム・ローンの信用保証に関係する証券はほとんど売られることはなく，直接の影響はなかったのですが，国際的な金融危機による株価暴落と，金融緩和を十分に行わなかったというその後の日本銀行の政策の失敗によって，激しい円高と不況に襲われました。金融緩和が不十分であったとは具体的には，日本銀行が十分に自国通貨 (円) を国内に供給しなかったということです。他国は自国通貨の流通量を拡大したにもかかわらず，日本だけがそのようにしなかったために円が世界一信用の高い通貨となり，世界中で円を買ってドルなどの外貨を売ることが進み，空前の円高になりました。円高になれば，輸出品の価格が高騰して輸出が困難となりますので，日本の基幹産業の株価が急激に下落しました。

　バブル経済の崩壊という未曾有の経験が尾を引いていたとはいえ，日本銀行の金融緩和が遅れたことで，サブプライム・ローンとほとんど無関係な日本経済が先進国のなかで最も回復が遅れたという，皮肉な結果となりました。そして結局，平成 24 年 (2012 年) に安倍政権が発足するまでこの不景気が続きました。

3.2　信用取引，現物取引

　上でも述べましたが，さまざまな商品[3]が取引される商品市場や株式が取引される株式市場などを総称して，あらためて**金融市場**とよぶことにします。

　金融市場での取引は，大きく分けて，「**現物取引**」と「**信用取引**」の二種類に分けられます。現物取引とは，自ら保有する現金や株式などの資産を支払いに用いる通常の取引方法です。一方，信用取引とは，保有する資産を担保として[4]取引を行う方法です。例えば，信用取引で商品を売る場合は，証券会社の

---

　[3]ここでいう「商品」とは，原油・液化天然ガスなどの資源，米・大豆・砂糖などの農産物や，金などの貴金属，そして，銅，アルミニウム，ゴムなど多種にわたります。
　[4]信用取引も一種の借金にあたりますので，通常 担保が必要になります。

ような第三者から，その商品を借りて売却し，ある一定の期間後にその商品を返すことで取引が成立します。また，信用取引で商品を買う場合は，第三者からお金を借りて購入し，一定期間後に借りたお金を返済します。

株式の購入を例として，現物取引と信用取引の違いを説明します。前者の方法で株式を購入した場合は，その株式は"現物株"とよばれ，購入者の所有物となります。一方で，後者の方法で株式の購入をした場合は，その株式は借金の担保になります。

信用取引では，取引する時点で現金やすぐに現金に換えられる株式などの資産が必要でないため，手持ちの現金が少ない場合でも大きな金額の取引ができます。しかし，将来に現金と商品が確実に受け渡しされる保証が必要になることから，信用取引にあたっては，さまざまなリスク管理が行われます。以下では，信用取引の方法について，いくつかの具体例をあげて解説します。

3.3 先渡取引

あなたが煎餅を生産する会社に勤めていて，主原料となる米の仕入れを担当しているとします。新米は秋に収穫されるので，その取引は本来は秋以降に行われます。もし，収穫時に米が不作であれば新米価格が値上がりします。そこで，煎餅の価格も値上げしたいところですが，他社との競争から煎餅の価格を頻繁に値上げすることはできません。一方で，価格をそのままにすると収益が下がります。このリスクを減らすためには，どのような対応をとればよいでしょうか？

まずは，収穫時より以前に (将来できる) 新米の取引ができたとしましょう。このとき，米を平年と同じ価格で買う権利があれば，不作で新米価格が大幅に値上がりしても，新米を買う側としての値上がりリスクを回避できます。

一方，新米を売る側にとっては，豊作で新米価格が値下がりする可能性があります。この場合は，収穫以前に平年とほぼ同じ値段で売る権利が得られれば，このようなリスクは回避できます。

現実には，このような購入者側・販売者側の両者にとってリスク回避を目的

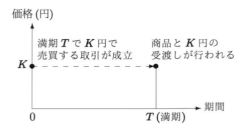

図 1　先渡取引 (先渡価格 K 円は満期 T まで変化しない)

とした取引が行われています．上記の例のように，商品が生産される以前に取引を行う方法は「**先渡取引** (さきわたしとりひき)」(forward transaction) とよばれます．

　先渡取引は，売買する当事者間の相対取引で，取引を行う場所・売買価格・満期 (受渡し日) などの取引条件は，売買する当事者間で定めることができます．当事者間での取り決めに従い，実際に現物 (商品と代金) の受渡しが行われます．一方で，契約が履行されない (**デフォルト**とよばれます) 場合は深刻な問題となります．そこで，満期に約束どおりに商品とその代金の受け渡しができるという信頼が必要となることから，実際の商品が受け渡される以前の取引を行う政府公認の「場」が必要になります．それが次に説明する「先物取引所」です．

3.4　先 物 取 引

　「**先物取引** (さきものとりひき)」(futures contract) は，法的に標準化かつ定型化された取引条件とともに**先物取引所**で行われます．法的拘束力がある信用取引が行われることで，安心して参加できるように設計されています．また，先物取引所では，売買する当事者ではない，第三者である先物取引所自身が，先物取引をを円滑に行えるように複雑な手続きをすべて代行します．さらにリスク管理としてのちほどに説明する証拠金制度などもあります．

　商品先物取引所の歴史は，1720 年代にできた大坂 (現在の大阪) の堂島米会

3.5 先物売り，先物買い　　　　43

所 (どうじまこめかいしょ) という米の取引所から始まりました。その後，1840
年代に米国シカゴに近代的な先物取引所が生まれ，現在に至っています。年ご
との気候変動や需給のアンバランスなど，さまざまな要因によって農作物の価
格が大きく変動することはリスクにつながりますが，それを回避するために生
まれた先物取引は，現在では農産物以外の石油や鉱物，株式，債券，為替など
多種類の「商品」を扱っています。

先渡取引では，"満期" とよばれる未来の特定の時期 $t = T$ における商品の
価格を予測して，現時点 $t = 0$ において売買しますが，取引所で取引される先
物取引では，市場が流動化されていることから満期 T までの任意の時間に商品
を取引することができます。このことから，多くの投資家が取引に参加し，頻
繁に売買が行われるので，瞬時に正確に売買代金のやりとりを行うシステムが
構築されています。

上記のような先物取引所で先物取引を行うシステム全体を「先物取引市場」
といいます。日本の先物取引市場には，農産物や鉱工業材料等の商品先物取引
を行う東京商品取引所と大阪堂島商品取引所があります。株式の先物取引は，
東京証券取引所や大阪証券取引所などで行われます。また，外国為替，日経 225
平均株価や FTSE100 の株価指数の先物取引を行う東京金融取引所などの金融
取引所があります[5]。

3.5　先物売り，先物買い

先物取引には「先物売り」と「先物買い」の二種類があります。また，満期
T までの任意の時間に取引できるので，その商品が将来 (満期 T で) 値上がり
すると予測した場合に先物買いを行い，値下がりすると予測した場合に先物売
りを行うことができます[6]。

---

[5]これらの取引所はすべて株式会社であり，政府の監督下で営業しています。一例として，商品
取引所は経済産業省の監督下にあり，また証券取引所は金融庁の監督下にあります。詳しくはこれ
らの取引所のホームページをご覧下さい。
[6]先渡価格と同様に，先物価格は満期 T における現物価格の推定値です。先物買いする投資家
が，満期 T においてある価格より値上がりすると予測し，先物売りする投資家が，満期 T におい
てその価格よりも値下がりすると予測した場合，両者の取引が成立します。

商品を保有せずに先物価格 K 円で「先物売り」をした場合は，満期 T に (現物取引) 市場で市場価格 $S(T)$ 円で商品を買い，先物価格 K 円でその商品を先物買いした人に渡します。ここで

・$K - S(T) > 0$ ならば，先物売り側の利益となり利益額は $K - S(T)$ [円]
・$K - S(T) < 0$ ならば，先物売り側の損失となり損失額が $S(T) - K$ [円][7]

となります。すなわち，満期 T の市場価格 $S(T)$ が先物価格 K より，安ければ利益が，高ければ損失が出ます。

そして先物価格 K 円で「先物買い」をした場合は，満期 T で商品が渡されます。以下では，商品を保有することが目的でなく，満期 T に (現物取引) 市場で市場価格 $S(T)$ 円でこの商品を売る場合を考えます。

・$S(T) - K > 0$ ならば，先物買い側の利益となり利益額は $S(T) - K$ [円]
・$S(T) - K < 0$ ならば，先物買い側の損失となり損失額が $K - S(T)$ [円]

となります。すなわち，満期 T の市場価格 $S(T)$ が先物価格 K 円より，高ければ利益が，安ければ損失が出ます。

先物買いで「商品保有が目的ではない」ということは，利益を上げることが目的になるでしょう。例えば，先物買いで損失が出るようならば，満期 T で渡された商品を価格が上がるまで保有する，という考え方もあります。しかし，大豆などの穀物，鉄鉱石・石油などの鉱物・資源が商品のときは，倉庫保有の代金や運送費用などもかかります。そこで，たいていは損失を覚悟で満期 T に市場で売ることになります。また，先物取引は一般に信用取引で行われ，先物価格 K 円を全額支払える現金をもっていないことが考えられます。このような場合は，満期 T に商品を売ることで信用取引にともなう借金を返すことになります。

先物取引は，本来リスク回避の目的で行われるものですが，信用取引によって少ない資金で大きな取引ができますので，投機あるいは投資[8]として用いることが可能です。例えば，将来の値上がりが予想される情報を得たならば，現

---

[7] $K - S(T) < 0$ なので，損失額を求める引き算は順序が逆になります。
[8] 投機と投資の違いには，得られる利益や，(とることになる) リスクの大小などがあります。参考文献 [1] の「ウォール街のランダム・ウォーカー」の第 1 章 2 節には，その違いが具体例とともに説明されています。

時点 $t = 0$ での保有資金で従来どおりの価格で先物買いします．予想が当たれば，満期 T で利益を得られます．その逆に，将来の値下がりが予想される情報を得たならば，同様に先物売りをすることで，予想が当たれば利益を得られます．

3.6　現物価格の変動と先物取引による損益の例

ここでは，現物価格[9]の変動の具体例とともに，先物買い，または先物売りした場合の利益・損失の様子を説明します．ただし，先物取引の参加者は先物売り・先物買いをする 2 名だけとします．また，現時点 $t = 0$ で決まった先物価格は満期 $t = T$ まで一定とします．

まずは，現時点 $t = 0$ で価格 460 万円であった金 1 kg の価格が次の 2 つのシナリオで推移したとします：

シナリオ 1：満期 T で価格が 480 万円になる．
シナリオ 2：満期 T で価格が 430 万円になる．

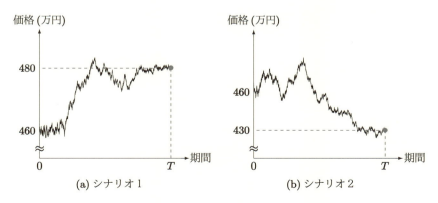

図 2　(左) シナリオ 1，(右) シナリオ 2 (金 1 kg の価格推移)

---

[9] 現物価格は現物市場での価格で，**市場価格**ともよばれます．本書では，現物価格と市場価格の区別はせずに用います．

1. 価格 460 万円で先物買いした場合

現時点 $t = 0$ で金 1 kg を 460 万円で先物買いした場合，先物買いした金 1 kg は，満期 T に 460 万円で手に入れます．

1-1. シナリオ 1　満期 T で現物市場で 480 万円で売ることで，差額 20 万円の利益を得ます．

1-2. シナリオ 2　(十分な資金がない場合は) 満期 T で現物市場で 430 万円で売ることになるので，差額 30 万円の損失となります．

先ほどの「損失を覚悟で満期 T に市場で売る」ということを再度，説明します．先物取引では，投資家と先物取引所との契約を履行しなければなりません．信用取引では，「460 万円の金 1 kg」を自己資金ではなく，現時点 $t = 0$ で商品先物取引所から借金をすることで購入しています．そこで，満期 T で商品を売るなどで返済にあてる必要があることから，シナリオ 2 では，損失が出るにもかかわらず 430 万円で売ることになります．さらに，不足分の 30 万円は投資家が先物取引所に積み立てる証拠金から支払うことで，リスク管理がなされています．もし，投資家の証拠金が不足したならば，その不足分を先物取引所に支払う義務があります[10]．

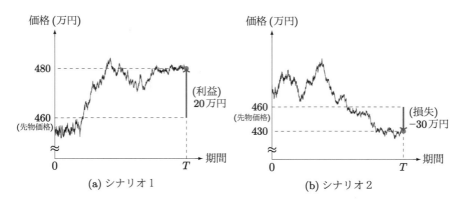

図 3　(左) シナリオ 1 での先物買いによる利益，(右) シナリオ 2 での先物買いによる損失

---

[10] 3.6 節で，その手順について説明します．

2. 価格 460 万円で先物売りした場合

現時点 $t=0$ で金 1 kg を 460 万円で先物売りした場合，金 1 kg を満期 T に 460 万円で売ることになります。

2-1. シナリオ 1 満期 T に現物市場で 480 万円を支払い，金 1 kg を買い，契約により 460 万円で売るので，差額 20 万円の損失となります。

2-2. シナリオ 2 満期 T に現物市場で 430 万円を支払い，金 1 kg を買い，契約により 460 万円で売るので，差額 30 万円が利益となります。

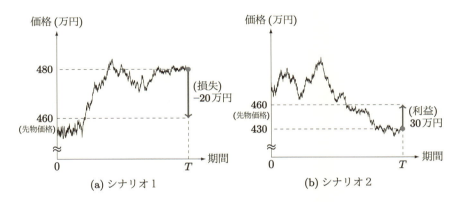

図 4 (左) シナリオ 1 での先物売りによる損失，(右) シナリオ 2 での先物売りによる利益

このように，同じシナリオで先物買いと先物売りでは，得られる損益が逆転します。

3.7 先物取引における売買時期

3.4 節では，現時点 $t=0$ で先物売り，先物買いをした 2 名の投資家が，満期 $t=T$ で先物取引の決済をしました。

しかし実際の先物取引市場では，1 つの先物取引に 2 名以上の投資家が参加し，各投資家は満期 T までの期間の任意の時期に売買することができます。先物買いした場合は，満期 T までその商品を持ち続ける必要はありません。それまでに商品が値上がりすると他の投資家が思えば，高い価格をつけて先物買い

します。この新しい価格が購入した価格よりも高ければ，その価格で先物売り(「**反対売買による決済**」とよばれます) することで差額が利益となります。

現物価格と同様に，先物価格が細かく変動するのは，多くの投資家が先物取引に参入するからです。複数の投資家が売買を繰り返した場合，最後に先物買いした投資家が，満期 T にその商品を受け取ることになります。

例えば，

シナリオ 3(図 5)： 金 1 kg の先物価格の推移として，現時点 $t=0$ に 500 万円で先物買いした場合を考えましょう。

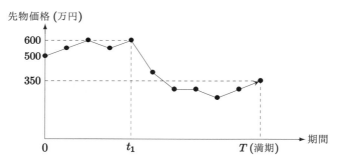

図 5　シナリオ 3 (満期 T までの先物価格の推移 1)

満期 T で先物価格が 350 万円になったとしましょう。このとき現物価格も満期 T では先物価格と同じ 350 万円になります[11]。

満期 T まで先物売りをしなかった場合は，満期 T で 500 万円で金 1 kg を買い，350 万円で現物市場で売るので，$350-500=-150$ と，満期 T で 150 万円の損失が出ます。

一方，満期 T 以前の時点 $t=t_1$ では先物価格が 600 万円に値上がりしています。この時点で先物売りすれば，$600-500=100$ と，時点 t_1 で 100 万円の利益が出ます。

○**注 3.1　損切り (そんぎり)**　先物買いした価格よりも先物価格が大きく値下がりしそうな場合は，少々の損失が出ても満期 T 以前に先物売りしたほうが，大きな損失を回避

---

[11] 3.4 節の脚注でも述べたように，先物価格は，満期 T での現物価格をそれ以前に予測することで決まり，満期 T では先物価格と現物価格が一致します。

できるでしょう。このように，ある程度の損失を覚悟のうえで満期 T までに売却することを，「損切りする」といいます。これは，先物売りの場合も同様です。実際の先物取引において，リスク回避の視点から「損切り」のタイミングを適切に計ることは非常に重要です。一方，将来における価格変動はわからないので，そのタイミングを見極めることは非常に困難です。そこで，保険会社や信託銀行などの大手の投資家[12]は，閾値 (しきいち) とよばれる，ある一定の損失が出た時点で自動的に損切りするようにすることがあります。

3.8　先物取引市場と現物取引市場

　同じ商品を取引するために，先物と現物の2つの市場があることで混乱が生じることはないのでしょうか？　実際には，問題がありません。いままでに説明したように，先物売りした投資家は，満期 T で現物市場で購入した商品を先物買いした投資家に渡します。

　このように，先物取引市場は現物取引市場から商品を調達するので，2つの市場が商品を取り合うことはありません。さらに，先物取引市場での取引が活発に行われることで現物取引市場の活性化に役立ちます。例えば，東京商品取引所や大阪堂島商品取引所では，商品の現物取引と先物取引の両部門が1つの取引所内にあります。また，東京証券取引所や大阪証券取引所にも株式の現物取引と先物取引を行う部門が併設されています。このように，実際の市場では現物取引と先物取引が，互いにリンクしながらスムーズに運営されることで共存することができます。

3.9　先物取引における証拠金制度

　次に，先物取引のリスク管理のために必要不可欠である証拠金制度について説明します[13]。

---

　[12] 一般に**機関投資家**とよばれます。

　[13] 商品取引の場合は「株式会社 日本商品清算機構 JCCH」が商品取引所を代行して証拠金の管理などの信用取引の業務を行います。また，証券の先物取引では証券会社が信用取引業務を行っています。詳しくはそれらのホームページを参照して下さい。

50   3. 信用取引，現物取引，先物取引，先渡取引，空売り，空買い

　先物取引は，満期 T で代金と商品の受渡しが実行される契約で，取引時には，商品やその代金を用意する必要がない「信用取引」の形式で行われます。そのため十分な資金がない場合に多額の取引を行うと，巨額の損失が生じて約束された取引が実行不可能になる可能性があります。このリスクを回避するために**証拠金制度**があります。

　先物取引所で信用取引による先物取引を行うために，取引額の 20％ から 30％ の「**証拠金維持率 (追証ライン)**」が定められます。先物取引参加者はまず，先物取引所に証拠金維持率より高い割合の「**証拠金**」とよばれる保証金を預けます。

　先物価格の推移を現時点 $t = 0$ から満期 T までの各時点でみたとき，先物買いをした場合，初期価格との差が正ならば，その差額を利益として証拠金に加えます。また，負ならば，その差額が損失として証拠金から差し引かれます。一方，先物売りをした場合は，先物買いと反対に，初期価格との差が正ならば，その差額が損失として証拠金から差し引かれます。また，負ならば，その差額を利益として証拠金に加えます。

　先物買い，先物売りのどちらも，証拠金が証拠金維持率を下回った場合，先物取引参加者は「**追証 (おいしょう)**」とよばれる追加保証金を預け，証拠金維持率を上回るように証拠金を増額しなければ取引を続けることができません。追証が支払われないときは破産とみなされ，信用取引の停止後，清算業務が開始されます。

　信用取引をすることは借金をすること同じですので，信用取引によって購入された商品は担保として扱われます。その商品の資産価値が下がることは，担保の価値が下がることですので，担保価値を高めるために追証を支払って証拠金を増やすことが求められます。第 4 章で紹介する「カルロス・ゴーン日産元会長の事件について」は，信用取引によって購入されたデリバティブの資産価値がリーマンショックによって急落し，多額の追証を銀行から請求されたことが発端でした。

3.9 先物取引における証拠金制度

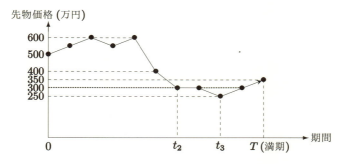

図 6　シナリオ 3 (満期 T までの先物価格の推移 2)

3.9.1　先物買いによる証拠金の推移

　現時点 $t = 0$ で金 1 kg を 500 万円で先物買いしたとします。また，証拠金維持率は 30％ で設定され，証拠金として最低証拠金 500 万円 × 30％ = 150 万円に，さらに 150 万円を加えた 300 万円を先物取引所に預けるものとします。ここで，金 1 kg の価格変動は，先ほどのシナリオ 3 に従い，$t = 0, T$ を含めて 11 時点で変動したとします (図 6)。

　証拠金は 300 万円ですが，証拠金維持率が 30％なので，150 万円を下回った場合は追証が必要となります。このシナリオでは，時点 t_2 で証拠金で損失分を補填すると $300 - (500 - 300) < 150$ となり，証拠金維持率を下回ります。そこで，追証を 50 万円加えて最低証拠金である 150 万円まで戻します。その後，時点 t_3 でも証拠金維持率を下回るので，さらに追証を 50 万円加えます (図 7)。

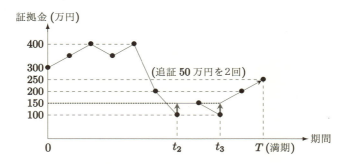

図 7　シナリオ 3 における証拠金の推移

このような手続きを経ると，満期 T までに証拠金として合計 400 万円を先物取引所に預けたことになります。その一方で，先物価格は 500 万円から 350 万円へと変動しました。これらより，$400 - (500 - 350) = 250$ と，250 万円が先物取引所より払い戻されます。以上から $250 - 400 = -150$ と，150 万円の損失となります。

3.9.2 先物取引とレバレッジ

先物取引開始時に証拠金を預けますが，その金額の数倍の価格の先物取引をすることを「**レバレッジをかける**」といいます。レバレッジとは "梃子"（てこ）のことです。また，先物取引価格と証拠金の比率を**レバレッジの比率**といいます。取り扱う商品によって信用取引の方法がいろいろとありますが，ここでは為替先物取引市場を具体例としてレバレッジについて説明します。

例として，満期が T，証拠金維持率 3％ のドル／円の為替先物取引に参加する場合を考えます。

シナリオ 4： 現時点 $t = 0$ での手持ちの現金を 50,000 円として，10,000 ドル分の先物価格が次の図のように推移するときの証拠金の推移を求めましょう。

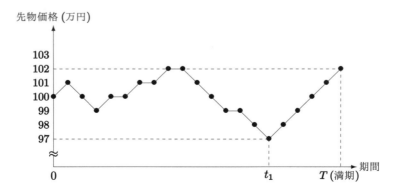

図 8　シナリオ 4 (10,000 ドル分の先物価格)

3.9 先物取引における証拠金制度

現時点 $t = 0$ において，50,000 円を証拠金として為替先物取引市場に預けます。現時点では先物価格が 1 ドル 100 円なので，その 20 倍[14]である 100 万円分の 10,000 ドルを先物買いします。このとき，証拠金維持率が取引額の 3 ％であることから，最低証拠金は 30,000 円となります。

証拠金の推移は，次のように考えられます。最低証拠金を 3 ％ (30,000 円) ですが，20,000 円上回る 50,000 円を証拠金として預けています。$t = t_1$ で先物価格が 97 万円となるので，30,000 円が証拠金から差し引かれ，預けている金額が 20,000 円になります。最低証拠金の 30,000 円を下回ってしますので，10,000 円を証拠金に追加 (追証) します。

その後，先物価格が値上がりし，満期 T において $t = t_1$ から 50,000 円上昇します。その分は証拠金にまとめられ，合計は 80,000 円となります。よって，もとの証拠金 50,000 円と追証 10,000 円から満期時の証拠金を引き算し，$80,000 - (50,000 + 10,000) = 20,000$，すなわち，20,000 円が先物買いによる利益となります。図 9 は，シナリオ 4 における証拠金の推移です。

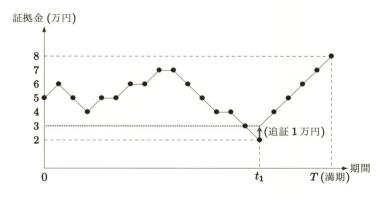

図 9　シナリオ 4 における証拠金の推移

一般的に，為替市場の変動は，株価の変動より低い傾向があります。例えば，1 ドル = 100 円としたとき 1 日で 3 ％ (= 3 円) 程度動く可能性は，極端に低いと考えられます。この点から，証拠金維持率が 3 ％ 程度のものもありうるわ

---

[14]証拠金維持率は 3 ％ であることを仮定したので，証拠金の 30 倍以上の先物取引が可能ですが，この参加者は余裕をもちレバレッジの比率を 20 倍とした取引を選択したとします。

けです．小さな力(証拠金)で大きな力(取引)を出すことから，梃子の原理に似ている証拠金による信用取引は，先ほども述べたように「レバレッジ」とよばれます．為替取引はレバレッジの比率が高いことが知られています[15]．

ここで，先物価格と現物価格は同じ値動きをするとは限らないことに再度，注意します．満期以前の時点で先物取引に参加する投資家の多くが，将来ドルが値上がりする(円安に進む)と予測すると，その時点でのドルに対する先物価格が現物価格より高くなります．逆に，将来ドルが値下がりする(円高に進む)と予測すると，先物価格が現物価格より安くなります．しかし，満期 T では両者は一致する仕組みができています[16]．

次の例題は，ドル／円の為替レートについて，

シナリオ5： 円高に進んだ場合

シナリオ6： 円安に進んだ場合

の問題です．ただし，簡単のために先物価格は変動せず，十分な証拠金が用意されているものとします．すなわち，為替の変動による利益・損失だけを考えることにします．

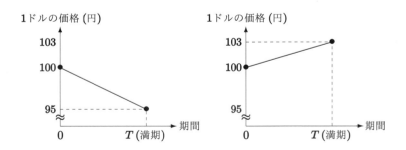

図10 (左)シナリオ5，(右)シナリオ6(ドル／円の為替レート)

---

[15] 証拠金以上の損失が出る可能性も十分あり，その意味ではリスクが高いともいえます．
[16] 3.4節の脚注でも述べたように，先物価格は満期 T における現物価格の推定値ですが，満期時で決済するための特別な価格(**特別清算指数** (special quotation) とよばれます) は，当日の現物価格に基づいて算出されます．

3.9 先物取引における証拠金制度

◇**例題 3.1** 現時点 $t=0$ で1ドル=100円の為替市場において, (i), (ii) のような先物商品を1万ドル分購入する. 満期時に1ドル=95円に円高が進むとき (図10左), 満期 $t=T$ での損益がそれぞれの商品についてどのようになるか答えよ:

(i) 満期 T において1ドル101円で売る契約の先物売り.
(ii) 満期 T において1ドル101円で買う契約の先物買い.

【**解答**】 (i) 満期 T に1ドルの価格が95円なので, 為替市場で1万ドルを95万円で買い, その1万ドルを先物買いした相手に売ります. 契約より1ドルが101円, すなわち1万ドルが101万円の価格となるので, 為替市場で支払った95万円と相手から支払われる101万円の差額の 60,000 円の利益が出ます.

(ii) 満期 T に, 1万ドルを101万円支払って買い, 直後に為替市場でその1万ドルを95万円で売るので, 60,000 円の損失が出ます. □

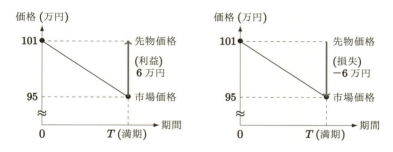

図 11 シナリオ5での, (左) 先物売りの利益, (右) 先物買いの損失

◇**例題 3.2** 現時点 $t=0$ で1ドル=100円の為替市場において, (i), (ii) のような先物商品を1万ドル分購入する. 満期時に1ドル=103円に円安が進むとき (図10右), 満期 $t=T$ での損益がそれぞれの商品についてどのようになるか答えよ:

(i) 満期 T において1ドル100円で売る契約の先物売り.
(ii) 満期 T において1ドル100円で買う契約の先物買い.

【解答】 (i) 満期 T に 1 ドルの価格が 103 円なので，為替市場で 1 万ドルを 103 万円で買い，その 1 万ドルを先物買いした相手に売ります．契約より 1 ドルが 100 円，すなわち 1 万ドルが 100 万円の価格となるので，為替市場で支払った 103 万円と相手から支払われる 100 万円の差額の 30,000 円の損失が出ます．

(ii) 満期 T に，1 万ドルを 100 万円支払って買い，直後に為替市場でその 1 万ドルを 103 万円で売るので，30,000 円の利益が出ます． □

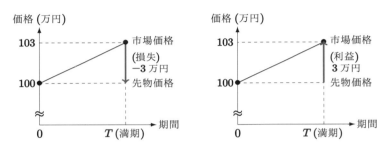

図 12 シナリオ 6 での，(左) 先物売りの損失，(右) 先物買いの利益

3.4 節で説明したように，先物買いと先物売りでは損益が逆転します．

いままでは為替先物取引に関する証拠金について説明しましたが，次に，先物取引ではない証拠金を活用した為替取引である「**外国為替証拠金取引**」について説明します．外国為替証拠金取引は外国為替を英訳した "foreign exchange" を省略した "FX" とよばれることもあります．現在は FX に多くの投資家が参入しています．

次は，図 13 のように，

シナリオ 7： ドル／円の為替レート (現物) が円高にも円安にも進む場合を考えます．

次の例題は，為替変動と証拠金の関係についての問題ですが，為替に関する手数料と為替相場の変動はないものとします．

3.9 先物取引における証拠金制度

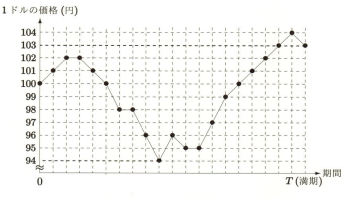

図 13 シナリオ 7 (ドル／円為替レートの推移)

◇**例題 3.3** 現時点 $t = 0$ での為替相場は 1 ドル = 100 円として，手持ちの現金 10,000 円を証拠金とした 1,000 ドル ($= 100,000$ 円) の外国為替証拠金取引をはじめる．ただし，証拠金維持率は 5 % ($= 5,000$ 円[17]) とする．その後の相場が図 13 のように変動したときに 1,000 ドルを円に直した金額の変化と，証拠金の変化を求めよ．

【解答】 図 14 を参照して下さい． □

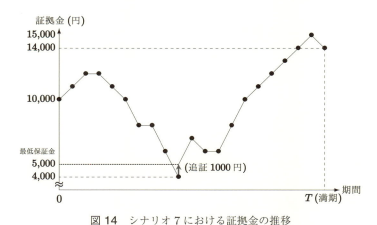

図 14 シナリオ 7 における証拠金の推移

---

[17] 「為替相場の変動がない」という仮定によります．

58　　　　　　3.　信用取引，現物取引，先物取引，先渡取引，空売り，空買い

3.10　株式の空売り，空買い

　空売り，空買いは，おもに株式取引市場で信用取引の形態を用いて行われます。以下に株式を例として説明します。

　「空売り」とは，保有していない株式を証券会社から一時的に借り，直後に証券取引市場で売って資金を得ることです。その後，決められた時期に株式を買い戻して借りた株式を証券会社に返却します。空売りした時点での株価に比べ，返却時での株価が安ければその差額が利益となります。逆に，株価が上がったときは差額が損失となります。このように，損失が出る場合でも契約を履行しなければなりません。

　「空買い」は，資金がない場合に資金を証券会社から借りて直後に株式を買います。その後，決められた時期までにその株式を売って得た資金で借金を返済します。空買いした時点での株価よりも売却時での株価が高ければその差額が利益となります。逆に，株価が下がったときは差額が損失となります。

　このような投機的な取引が行われる理由として，市場での取引の流通性を増やす目的が考えられます。信用取引ですので，担保として株式や資金が必要になることが頻繁にあります。次の章で解説するオプション取引は，空売り・空買いができることを前提とした取引です。

3.10.1　空売りによる損益

　空売りによる損益を2つの株価の推移の例について調べましょう。ここでは，一株での損益を考えます。

● 空売りによる利益

　株価は，図 15 の左のように推移します。

　　シナリオ 8：　時点 $t = t_1$ において価格 S_1 円で空売りをして (証券会社から株式を借りて，直後に売る) S_1 円を得て，時点 t_2 で株価 S_2 円で株式を買い証券会社に借りた株式を返します。ここで，$S_1 > S_2$ から，$S_1 - S_2 > 0$ は空売りによる利益です (図 15 の右)。

3.10 株式の空売り，空買い

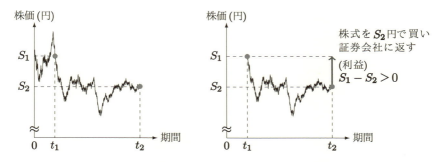

図 15 (左) シナリオ 8 での株価の推移，(右) 空売りによる利益

- **空売りによる損失**

株価は，図 16 の左のように推移します．

シナリオ 9：時点 $t = t_1$ において価格 S_3 円で空売りをして (証券会社から株式を借りて，直後に売る) S_3 円を得て，時点 t_2 で株価 S_4 円で株式を買い証券会社に借りた株式を返します．ここで，$S_3 < S_4$ から，$S_3 - S_4 < 0$ [18] は空売りによる損失です (図 16 の右)．

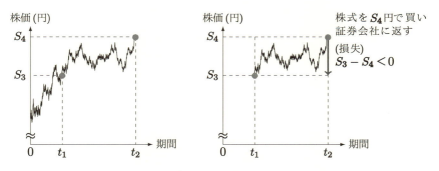

図 16 (左) シナリオ 9 での株価の推移，(右) 空売りによる損失

---

[18] 先物取引で説明したように，$S_3 - S_4 < 0$ より損失となり，損失額は $S_4 - S_3$ [円] です．

3.10.2　空買いによる損益

空買いによる損益を 2 つの株価の推移のシナリオについて調べましょう。ここでも，一株での損益を考えます。

● 空買いによる損失

株価は，図 17 の左のように推移します。

> **シナリオ 10**：時点 $t = t_1$ において価格 S_5 円で空買い (証券会社から借金して株式を買う) をして株式を得て，時点 t_2 で株価 S_6 円で株式を売り，証券会社に借金を返済します。ここで，$S_5 > S_6$ から，$S_6 - S_5 < 0$ は空買いによる損失です (図 17 の右)。

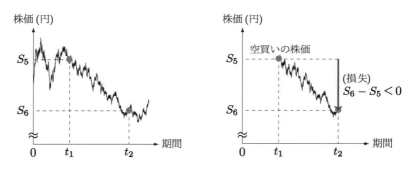

図 17　(左) シナリオ 10 での株価の推移，(右) 空買いによる損失

● 空買いによる利益

株価は，図 18 の左のように推移します。

> **シナリオ 11**：時点 $t = t_1$ において価格 S_7 円で空買い (証券会社から借金して株式を買う) をして株式を得て，時点 t_2 で株価 S_8 円で株式を売り，証券会社に借金を返済します。ここで，$S_7 < S_8$ より，$S_8 - S_7 > 0$ は空買いによる利益です (図 18 の右)。

3.10 株式の空売り，空買い

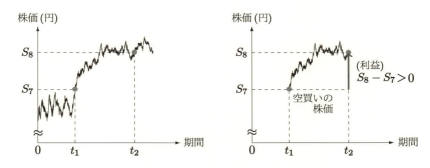

図 18 (左) シナリオ 11 での株価の推移，(右) 空買いによる利益

第 3 章のまとめ

　この章では，先渡取引・先物取引・信用取引について例をあげて説明しました。証拠金から損失を補填することで，手持ちの金額以上の取引が可能となる信用取引の仕組みでは，証拠金制度の役割が重要です。また，信用取引の例として，株式の空売り・空買いについて説明しました。

4

オプション取引について

前章に述べた先物取引は，主に将来の価格変動のリスク削減を目的として行われます。先物買いの場合に満期 T での市場価格 (現物取引) が先物価格よりも下回った場合は，先物買いよりも，市場価格による取引のほうが安い価格で買うことができるので有利です。同様に先物売りの場合，満期 T での市場価格が先物価格よりも高い場合は，先物売りよりも，市場価格で売ったほうが高い価格で売れるので有利です。このように，市場価格で取引を行ったほうが有利な場合でも，先物取引で決められた価格で取引をする契約を行っているので，損失が出る場合でもその契約を実行しなければなりません。

先物取引のこのような問題を解決するために導入された取引法が，ある物を買う／売る「権利」を扱う「**オプション取引**」です。

4.1　オプション取引の種類

以降では，株式のコールオプションについて説明します。オプション取引には，コールオプション (call option) とプットオプション (put option) があります。これら 2 つは，権利行使の方法が異なります。また，権利行使する時期が異なるオプションもあります。この節では代表的なオプションについて説明します。

4.1.1　コールオプション

株式のコールオプションは，次のような仕組みをもちます。

64   4. オプション取引について

――――――――― コールオプションの仕組み ―――――――

(1) **登場人物**

　オプションライター (option writer)：　「コールオプション」を発行
し，売る人 (A とする)。

　オプションホルダー (option holder)：　発行された「コールオプショ
ン」を購入し，使用する権利をもつ人 (B とする)。

(2) **発行されるコールオプション**　　株式に関する契約書で「**B は満期**
T において，A から権利行使価格 K 円で株式を買い取ることができる」
という内容の約束が記載される。

(3) **取引する時点**　　B が A からコールオプションを購入する時点を現
時点 $t = 0$ とし，B がコールオプションを使用する (権利行使する) 時点
は満期 $t = T$ とする。

(4) **権利行使について**　　コールオプションを購入することは，B (オプ
ションホルダー) は A (オプションライター) から権利行使価格 K 円で
株式を買う「権利」を得ることであり，権利行使して株式を買う・権利
放棄して株式を買わない，の両者の選択[1]は無条件にできる。

○**注 4.1**　(3) の取引時点ですが，満期 T だけで権利行使できるオプションは「ヨーロ
ピアンオプション」とよばれます。また，満期 T までの任意の時点で権利行使できるオ
プションは「アメリカンオプション」とよばれます[2]。2 つのオプションの違いは，後
ほどに具体例とともに紹介します。また，ヨーロピアン・コールオプションの価格の決
まり方を 4.2 節で説明します。

● **コールオプションの権利行使と損益**

　以下では，コールオプション購入後に，コールオプションの権利行使とそれ
にともなう損益について，株価が上昇した場合と下落した場合について説明し
ます。オプションの対象は，ある株式 (一株) として，現時点 $t = 0$ での株価を

――――――――――――――――――――――――――
[1]権利行使する・しない，という 2 つの選択肢 (option) があることからオプション取引とよば
れます。
[2]他にも，株価の変動によって権利行使されるものなど，オプションの種類はいろいろあります。

4.1 オプション取引の種類

$S(0)$ 円, 満期 $t = T$ における株価を $S(T)$ 円とします. また, 株価の変動として, 二種類のシナリオを考えます.

シナリオ 12: 現時点 $t = 0$ で 1,000 円の株価が, 満期 $t = T$ に 1,200 円へと上昇したとします. また, 権利行使価格 K を 1,100 円とします.

このシナリオでは, 満期 T においてまずオプションホルダー B は証券会社から株を借り, すぐに株式市場で空売りをして 1,200 円を手に入れます. 次に B は権利行使することにより, 一株 1,100 円でオプションライター A から株を買い, この株を証券会社に返します. この価格は市場価格 1,200 円より安いことから, B は $1200 - 1100 = 100$ [円] の利益を得ます (図 1).

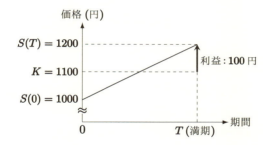

図 1 シナリオ 12 における株価推移と満期での権利行使による利益

一方で,

シナリオ 13: 現時点 $t = 0$ で 1,000 円の株価が, 満期 $t = T$ で 800 円に下落したとします. また, 権利行使価格 K を 1,100 円とします.

このシナリオでは, コールオプションを保有しているオプションホルダー B は満期 T で権利行使することにより一株を 1,100 円で A より買えますが, この価格は市場価格 800 円よりも高値です. この場合は, B は権利行使するよりも, 株式市場で買ったほうが得なので, B はコールオプションを放棄します. このことで, 権利行使に関する損益は 0 円となります (図 2).

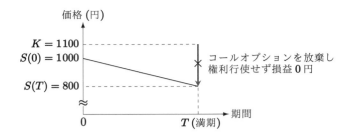

図 2 シナリオ 13 における株価推移と満期での権利放棄による損益回避

コールオプションは，オプションライター A とオプションホルダー B 間の契約です．満期 T での株価 $S(T)$ をみて，B は

(i) コールオプションの権利行使をして，権利行使価格 K 円で株式を買う，

(ii) コールオプションの権利を放棄して，株式を買わない，

のどちらかを決めることができます．シナリオ 12 では (i) を，シナリオ 13 では (ii) を選択することが合理的です．というのは，上述のようにシナリオ 12 では (i) を選択し，差額 $1200 - 1100 = 100$［円］の利益を得ます．このようにオプションを権利行使することを「**ペイオフ**」(payoff) といいます．

ここで，コールオプションと先物買いの違いを，2 つのシナリオで確認しましょう：

・シナリオ 12 では，権利行使価格 1,100 円のコールオプションを保有する場合と先物価格 1,100 円で先物買いした場合の両者ともに，同じ利益 100 円を得ることができます．

・シナリオ 13 では，権利行使価格 1,100 円のコールオプションを保有する場合は権利を放棄することで損失を回避できます．その一方で，先物価格 1,100 円で先物買いした場合は契約を履行する義務があるので，市場価格 800 円の一株分を 1,100 円で購入しなければなりません．すなわち，$800 - 1100 = -300$ から，300 円の損失が生まれます．

このように，権利行使価格 K と満期時の価格 $S(T)$ について，$S(T) > K$ という関係があれば，コールオプションと先物買いでは同じ額である $S(T) - K\ (>0)$

4.1 オプション取引の種類   67

の利益が得られます。一方，$S(T) < K$ のときは，損失について回避できる／できない点がコールオプションと先物買いでは異なります。次の表は，権利行使価格 K のコールオプションと先物価格 K の先物買いについて，満期時の価格 $S(T)$ による利益・損失をまとめたものです：

	コールオプション	先物買い
$S(T) > K$	権利行使して $S(T) - K > 0$ の利益	$S(T) - K > 0$ の利益
$S(T) < K$	権利行使せず損益はなし	$S(T) - K < 0$ の損失

4.1.2 プットオプション

株式のプットオプションは，次のような仕組みをもちます。

━━━━━━ プットオプションの仕組み ━━━━━━

(1) **登場人物**

　オプションライター (option writer)：　「プットオプション」を発行し，売る人 (A とする)。

　オプションホルダー (option holder)：　発行された「プットオプション」を購入し，使用する権利をもつ人 (B とする)。

(2) **発行されるプットオプション**　　株式に関する契約書で「**B は満期 T において，A に権利行使価格 K 円で株式を売ることができる**」という内容の約束が記載される。

(3) **取引する時点**　　B が A からプットオプションを購入する時点を現時点 $t = 0$ とし，B がプットオプションを使用する (権利行使する) 時点は満期 $t = T$ とする。

(4) **権利行使について**　　プットオプションを購入することは，B (オプションホルダー) が A (オプションライター) に権利行使価格 K 円で株式を売る「権利」を得ることであり，権利行使して株式を売る・権利放棄して株式を売らない，の両者の選択は無条件にできる。

ここでは権利行使の時期が満期 T だけであるヨーロピアンオプションを説明しますが，プットオプションについても，満期 T までの任意の時点で権利行使できるアメリカンオプションがあります．

● プットオプションの権利行使と損益

以下では，4.1.1 項と同様に，プットオプション購入後に，プットオプションの権利行使とそれにともなう損益について，株価が上昇した場合と下落した場合について説明します．オプションの対象は，ある株式 (一株) として，現時点 $t = 0$ での株価を $S(0)$ 円，満期 T における株価を $S(T)$ 円とします．また，株価の変動として，二種類のシナリオを考えます．

シナリオ 14： 現時点 $t = 0$ で 1,000 円の株価が，満期 $t = T$ に 1,200 円へと上昇したとします．また，権利行使価格 K を 1,100 円とします．

このシナリオでは，プットオプションを保有しているオプションホルダー B は満期 T で権利行使することにより，一株 1,100 円でオプションライター A に売却できますが，この価格は市場価格 1,200 円よりも安値です．この場合は，B は権利行使するよりも，株式市場で売却したほうが得なので，B はプットオプションを放棄します．このことで，権利行使に関する損益は 0 円となります (図 3)．

一方で，

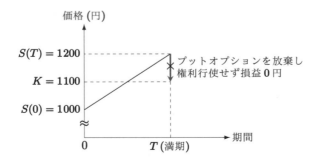

図 3　シナリオ 14 における株価推移と満期での権利放棄による損益回避

4.1 オプション取引の種類

シナリオ 15： 現時点 $t = 0$ で 1,000 円の株価が，満期 $t = T$ に 800 円に下落したとします。また，権利行使価格 K を 1,100 円とします。

このシナリオでは，プットオプションを保有しているオプションホルダー B は，まず満期 T に株を証券会社から借ります。次に B は権利行使することにより，一株 1,100 円でオプションライター A にこの株を売却します。そして，800 円で株式市場においてその株を買って証券会社に返すことで，$1100 - 800 = 300$ [円] の利益が出ます (図 4)。

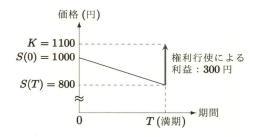

図 4　シナリオ 15 における株価推移と満期での権利行使による利益

プットオプションは，オプションライター A とオプションホルダー B 間の契約です。満期 T での株価 $S(T)$ をみて，B は

(i) プットオプションの権利行使をして，権利行使価格 K 円で株式を売る，

(ii) プットオプションの権利を放棄して，株式を K 円では売らない，

のどちらかを選ぶことができます。シナリオ 14 では (ii) を，シナリオ 15 では (i) を選択することが合理的です。

そこで，プットオプションと先物売りの違いを，2 つのシナリオで確認しましょう：

- シナリオ 14 では，権利行使価格 1,100 円のプットオプションを保有する場合は，権利を放棄することで損益 0 円となります。その一方で，先物価格 1,100 円で先物売りした場合は契約を履行する義務があるので，一株を株式市場において 1,200 円で買い，1,100 円で売却することで 100 円の損失となります。

70 4. オプション取引について

・シナリオ 15 では，権利行使価格 1,100 円のプットオプションを保有する
場合と先物価格 1,100 円で先物売りした場合の両者ともに，同じ利益 300
円を得ることができます。

このように，権利行使価格と満期時の価格 $S(T)$ について，$S(T) < K$ という
関係があれば，プットオプションと先物売りでは同じ額である $K - S(T) (> 0)$
の利益が得られます。また，$S(T) > K$ という関係があれば，プットオプショ
ンの権利を行使してしまうと $K - S(T) < 0$ となり，損失が出ます。よって権
利放棄したほうが有利になります。一方，先物売りでは契約を履行する義務が
あるので，$K - S(T) < 0$ となり損失[3]が出ます。次の表は，権利行使価格 K
のコールオプションと先物価格 K の先物買いについて，満期時の価格 $S(T)$ に
よる利益・損失をまとめたものです：

	プットオプション	先物売り
$S(T) > K$	権利行使せず損益はなし	$K - S(T) < 0$ の損失
$S(T) < K$	権利行使して $K - S(T) > 0$ の利益	$K - S(T) > 0$ の利益

4.1.3 アメリカンオプション

これまでの節では，「満期時にのみ」株式を購入する権利を有するヨーロピ
アン・コールオプションと，株式を売却する権利を有するヨーロピアン・プッ
トオプションの 2 種類を説明しました。このヨーロピアンオプションとは異な
り，満期 T までの任意の時点に権利行使できるオプションが存在します。これ
はアメリカンオプションとよばれます。オプションの保有者にとっては，利益
が得られる時点で権利行使できるので，一般にヨーロピアンオプションより有
利です。この節では，任意の時期に権利行使できるアメリカンオプションにつ
いて説明します。

● アメリカン・コールオプションの権利行使と損益
以下では，アメリカン・コールオプション購入後に，株価の変動に応じてそ

---
[3] 3.5 節の脚注 7) と同様に，損失額は $S(T) - K$ [円] となり，引き算の順序が変わります。

4.1 オプション取引の種類

の権利行使をどのように行うかを説明します．ある一株をオプションの対象として，現時点での株価を $S(0)$ 円とします．その後，次のシナリオ 16 に従うとします：

シナリオ 16: 図 5 を現時点 $t = 0$ から満期 $t = T$ までの株価推移とします．時点 t_1 での株価は権利行使価格 K 円より高く $(S(t_1) > K)$，満期 T での株価は権利行使価格 K 円より安く $(S(T) < K)$ なります．

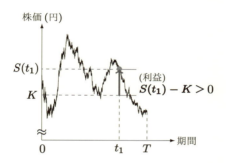

図 5 シナリオ 16 におけるアメリカン・コールオプションの権利行使

このシナリオを例として，アメリカン・コールオプションとヨーロピアン・コールオプションの権利行使が異なることを説明します．

アメリカン・コールオプションは，満期 T までの任意の時点で権利行使ができます．オプションホルダー B は，最大の利益を得るために，できるだけ株価が最大になった時点で権利行使しようと考えます．権利行使価格 K 円を超えてからの上昇の様子で判断するのですが，シナリオ 16 では，株価が上昇から下降に転じたために，B は時点 t_1 で権利行使する決断をしたとします．この時点で，B はオプションライター A から権利行使価格 K 円で株式を買います．このとき，$S(t_1) - K > 0$ ですので，その分の利益を得ます．

一方，ヨーロピアン・コールオプションの場合は，満期 T で $S(T) < K$ となり，シナリオ 16 ではオプションホルダー B は権利行使せず，その結果として得られる利益はありません．

コラム：カルロス・ゴーン日産元会長の事件について

　本書執筆中の平成 30 年 11 月 19 日にカルロス・ゴーン日産会長 (当時) が東京地検特捜部に逮捕されたというニュースが日本中を駆け巡りました。当初の容疑は有価証券報告書にみずからの報酬を実際より少なく記載していたことでしたが，その後の調べでゴーン氏の背任容疑が報道されました。現在 (平成 31 年 2 月) は起訴されています。その内容は以下のようです。

　ゴーン氏は，リーマンショック以前に投資の目的で多額のデリバティブ (金融派生商品) を新生銀行から信用取引によって購入しました。その総額は数十億円にのぼるともいわれていますが，信用取引で購入したのでゴーン氏が新生銀行に実際に支払った額はわずかでした。彼は円安が進むと考え，その中には 1 ドルを 120 円程度の権利行使価格で買うことができるコールオプション，あるいは逆に，120 円を権利行使価格 1 ドルで売ることのできるプットオプションが大量に含まれていたと推測されます。[ここでは，コールオプションとして話をすすめます。] しかし平成 19 年 2 月に 1 ドル 120 円であった為替レートが，平成 20 年 9 月に起こったリーマンショック後の平成 20 年 10 月に 1 ドル 100 円程度の円高となり，さらにその後は 90 円代まで円高が進みました。

　ゴーン氏の当時の状況をまとめると，次の 2 つの要素によって説明されます。

(1)　多額のデリバティブを信用取引で新生銀行から購入した。そのとき，購入したデリバティブ自身が新生銀行の担保であり，デリバティブの満期までに担保価値が下がると，その都度追証が銀行から要求される。

(2)　デリバティブの中身がコールオプションであったため，コールオプションの満期まで毎日，その時価総額が変動する[4]。

　リーマンショック後に信用取引の担保であるコールオプションの時価総額が急落して担保価値が下がると，新生銀行は彼にその赤字分の追証を要求しました。というのは，平成 20 年 10 月の実際の為替レートでは 1 ドルが 100 円になり，コールオプションの満期時に 1 ドルが 120 円以上になる可能性はきわめて小さいので，1 ドルを 120 円で買うことができる権利であるコールオプションをその満期時に権利行使できる可能性もきわめて小さくなります。そのために，リーマンショック後の平成 20 年 10 月にはゴーン氏が保有していたデリバティブの価値が大きく減少し，当時のデリバティブの評価損は約 18 億 5 千万円にのぼりました。そこで，新生銀行から平成 20 年 10 月に約 17 億円という信用取引継続のための追加証拠金 (追証) を積み立てるようにという指示がありました。

　しかしゴーン氏はその追証を支払うことができず，当時会長職にあった日産にそのデリバティブ取引の契約を移しました。新生銀行は日産が評価損を保証することができるため，17 億円の追証の請求をやめ，彼は破産の危機を脱しました。

4.1 オプション取引の種類 73

(これが背任行為とされています。)

その後，ゴーン氏は友人であるサウジアラビアの資産家に新生銀行に対して信用保証をしてもらい，デリバティブ取引の契約を日産から自身の資産管理会社に移しました。そして，その見返りとして，平成21年6月から平成24年3月の間に，中東にある日産の子会社からこのサウジアラビアの資産家に1470万ドル（現在のレートで約16億円）を振り込ませた疑いで，特別背任罪で平成31年1月11日に追起訴されました。

以上，当該事件の内容はあくまで推測の域をでませんが，当たらずとも遠からずといえるでしょう。オプション取引の本来の目的はリスク管理ですが，デリバティブに組み込むことによってハイリスク・ハイリターンの金融商品になります。満期時に，もし為替レートが1ドル140円になっていれば，ゴーン氏は信用取引によってほとんど元手なしに10億円以上の利益を得ていたと推測されます。この事件のように，デリバティブの信用取引を行うことで数十億円という莫大な金融取引が可能となりますが，そのデリバティブに損失が出た場合に高額の追証が要求されることがこの事件からわかります。

オプションやデリバティブについての知識がなければ上記の事件の意味はわかりません。この事件は金融が我々の生活にいかに身近になっているかを示す，よい事例といえます。

---

4) コールオプションはオプションライターとオプションホルダーとの契約ですが，それ自身は証券の一種であり，満期までのいつでも第三者に売却することが可能です。また，その価値は，コールオプションが発行された時点ではなく，取引される時点でのドル・円為替相場，為替レートのボラティリティ（4.7節を参照して下さい）と権利行使価格によって決まるコールオプション・プレミアムに一致します。この価格がその時点でのコールオプションの時価となります。

4.2 コールオプション価格の決まり方

コールオプションは，権利行使価格と市場価格の差によって利益が生じます。また，「契約」を履行する義務がある先物買い／売りと異なり，「権利」を放棄できるコール／プットオプションでは，差額による損失を回避できます。

このようなオプションですが，手に入れるためにはオプションライターにオプションの代金を支払うことになります。この価格は「**プレミアム**」とよばれ，合理的な価格の付け方が知られています。この節では，オプション価格の導出について説明します。

4.2.1　一期間二項モデル

「一期間二項モデル」は，最も単純な株価モデルです。株式を取引する時点が現時点 $t = 0$ と満期 $t = T$ の 2 点なので「一期間」となります。また，現時点 $t = 0$ での株価を $S(0) = S_0$ [円] として，満期 $t = T$ での株価 $S(T)$ [円] は，$S(T) = (1+u)S_0$ と，$S(T) = (1+d)S_0$ の 2 つの値のみをとる場合を考えます。ここで，$u > d$ であることを仮定します。とりうる値が 2 つということで「二項」です (図 6)。

2 つの値は，u と d から定まり，これらは**収益率** (リターン，return) とよばれます[5]。収益率は株価の増加率または減少率を表し，一期間での収益率を次

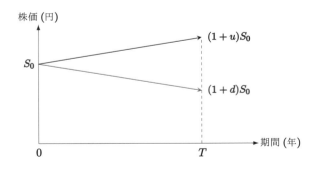

図 6　一期間二項モデル

---

[5] 収益率は「騰落率」(とうらくりつ) ともよばれます。$u > 0$ は上昇する株価に，$d < 0$ は下落する株価に対応します。

4.2 コールオプション価格の決まり方 75

の式で求めます：

$$(4\text{-}1) \qquad \frac{S(T) - S_0}{S_0}.$$

オプションホルダーは，差額による損失を回避するために権利を放棄する，という「合理的な選択」をするということをいままでに説明しましたが，「合理的な」価格をつけるためには，市場と市場に参加する人たちに対し，いくつかの仮定が必要となります。

まずは，仮定の説明に必要となる用語を 2 つ説明します。

安全資産 (無リスク資産)： 株式市場や商品市場における信用取引では，株式や商品を買うための資金を一時的に借りることができます。また，資金が余った場合は逆にその資金を市場に預金することもできます。このように，市場が信用取引をする投資家に貸借するための資金を「安全資産」とよび，その利率を**安全利子率**とよびます。一般に安全利子率は，国債の金利や長期金利などを基準として決められています。

空売りと空買い： 株式を保有しない場合に，株式を一時的に証券会社から借り，その株式を株式市場で売って資金を得ます。そして，一定期間後に株式市場でその時点の市場価格で借りた株式を購入し，返却します。短期間ではありますが，返却までの期間に株価が下落すれば，株式を借りたときの株価と返却するときの株価の差額が利益となります。一方で，株価が上昇すれば損失となります。このような信用取引を**株式市場における空売り**とよばれます。

また，資金がない場合に証券会社から資金を借りて株式を買い，一定期間後にその株式を売却して借りた資金を返却します。一定期間後の株価が空買いした時点での株価よりも上昇した場合，その差額が利益となります。一方で，株価が下落すれば損失となります。このような信用取引を**株式市場における空買い**とよばれます。

● **市場に関する仮定**

コールオプション・プレミアムの導出について，オプションライター A，オプションホルダー B，市場に関して以下を仮定します：

条件 1 オプションライター A，オプションホルダー B の両者は，市場において，安全利子率 r で資金を常に調達・預金できる。

条件 2 コールオプションの権利行使価格を K 円とする。

条件 3 一期間二項モデルで，現時点 $t = 0$ の株価を $S(0) = S_0$ ［円］とする。また，満期 $t = T$ の株価は $S(T) = (1 + u)S_0$ ［円］，または $S(T) = (1 + d)S_0$ ［円］のどちらかの値をとる。

条件 4 $d < r < u$ が成立する。

条件 5 市場において信用取引における空売り，空買いが自由にでき，$\frac{1}{3}$ 株のような整数でない株式も扱うことができる。

条件 6 オプションホルダー B はコールオプションによる権利を放棄できる。

条件 7 オプションライター A，オプションホルダー B ともに合理的な判断を常にする。

ファイナンス理論の基本的な原則に「元手 0 から出発し，必ず正の利益が得られる取引 (裁定取引，アービトラージ，arbitrage) は存在しない」というものがあり，その仮定のもとで定まるオプションの価格は**「無裁定価格」** (no arbitrage pricing) とよばれます。オプションの価格が複数個あると，その空売り，空買いを用いて裁定取引が生まれますが，上記の仮定のもとでは，オプションの価格は 1 通りに定まります。

4.2.2 コールオプション・プレミアムの導出

現時点 $t = 0$ において，オプションホルダー B はオプションライター A に C_0 円をコールオプションのプレミアムとして支払います。このプレミアム C_0 の値は，以下の手順 (**I** 〜 **VI**) で決定されます。

手順 I ―― 複製ポートフォリオをつくる

オプションライター A は，オプションホルダー B から支払われたプレミアムの代金 C_0 円を，コールオプションの対象となる株式と安全資産によって構成される「ポートフォリオ」に投資します。このポートフォリオは，安全利子率 r で借り入れ，もしくは預金した資金 x 円と，現時点で S_0 円の値段をつけ

4.2 コールオプション価格の決まり方　　　　　　　　　　　　　　　　　　　**77**

ている株式を y だけ空買い，もしくは空売りすることでつくられます。数式で表すと，次のようになります：

(**4-2**) $$C_0 = x + S_0 y.$$

　ここで「ポートフォリオ」とは，資金を株式や国債などの複数の資産に投資する方法の総称です。次章でもあらためて説明します。特に，**条件1**，**条件5**によってつくられるポートフォリオは「複製ポートフォリオ」とよばれます。

　また，式 (4-2) で「$x > 0$, $y > 0$ の場合」は，C_0 円の一部を使って y 株を買い，残る x 円を預金します。「$x > 0$, $y < 0$ の場合」は，y 株を空売り (証券会社から株を借りて証券市場で売る) して得た資金と C_0 円の合計 x 円を預金します。「$x < 0$, $y > 0$ の場合」は，x 円を借金して，$C_0 - x$ 円を使って y 株を買います。最後に「$x < 0$, $y < 0$ の場合」は，$C_0 < 0$ なので起こりえません。

　オプションホルダー B が儲ければ，オプションライター A は必ず損をします (トレードオフの関係)。このような損失に備え，オプションライター A がオプションの対象となっている株式を売買することは「ヘッジ」とよばれます。いまの場合，$S(T) - K > 0$ ならば，B は権利行使します。このとき，A は市場価格より安い K 円で株式を B に売らなければなりません。そこで A は，B から得たオプションプレミアム C_0 円を元手として複製ポートフォリオをつくるのです。式 (4-2) の $S_0 y$ は，A が被る損害額を補填するための項となります。

手順 II ── B が保有するコールオプションによって満期 T に得られる利益 (ペイオフ) を求める

　満期 T における株価 $S(T)$ が権利行使価格 K よりも高い場合は，B は権利を行使して A より価格 K 円で株式を購入し，すぐに市場で $S(T)$ 円で売り，差額 $S(T) - K$ ［円］が利益となります。一方，株価 $S(T)$ 円が権利行使価格 K 円よりも低い場合は，B は権利行使せず，損失 0 です。以上のような，オプションホルダー B の利益を 1 つの式にまとめると，

(**4-3**) $$\max \{S(T) - K,\, 0\} = \begin{cases} S(T) - K & (S(T) - K > 0 \ \text{のとき}), \\ 0 & (S(T) - K \leqq 0 \ \text{のとき}) \end{cases}$$

となります[6]。この式 (4-3) を**ペイオフ関数**といいます。

図 7 のペイオフ関数のグラフは，コールオプションでは $K < S(T)$ のとき権利行使し，$K > S(T)$ では権利行使しないことを意味しています。そこで，式 (4-3) を単に「ペイオフ」とよぶこともあります。

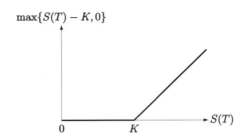

図 7　コールオプションにおける $S(T)$ とペイオフの関係

◇**例題 4.1**　株式のコールオプションを考えます。満期 T での株価を $S(T) = 1000$ ［円］とします。権利行使価格 $K > 0$ を x 軸，コールオプションのペイオフ価格を y 軸としてペイオフ関数 $\max\{S(T) - K, 0\}$ のグラフを描きなさい。

【解答】図 8 を参照して下さい。　　　　　　　　　　　　　　　　　□

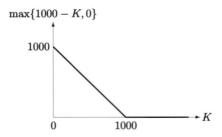

図 8　例題 4.1 の解答 (権利行使価格 K 円とペイオフの関係)

---

[6] $\max\{a, b\}$ は a, b の大きいほうの数を表します。例えば，$\max\{2, 0\} = 2$, $\max\{-3, 0\} = 0$ です。

4.2 コールオプション価格の決まり方

手順 III ── A が満期 T に複製ポートフォリオによって得られる利益を求める

複製ポートフォリオ $C_0 = x + S_0 y$ における安全資産 x の価格は，満期 T では安全利子率による金利が加わり $(1+r)x$ ［円］となります．また，複製ポートフォリオ $C_0 = x + S_0 y$ における y 株の株式の価格は $S(T)y$ 円となるので，複製ポートフォリオの満期 T における価格は

$$(4\text{-}4) \qquad (1+r)x + S(T)y \quad [円]$$

とランダムに変動します (図 9)．

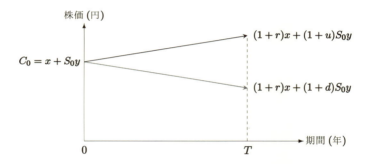

図 9　一期間二項モデル (図 6) におけるコールオプションの複製ポートフォリオの推移．満期 T における株価 $S(T)$ が $(1+u)S_0$ または $(1+d)S_0$ の値をとる場合．

手順 IV ── 利益 (ペイオフ) と複製ポートフォリオによって得られる利益が一致するように連立 1 次方程式をたてる

式 (4-3) のオプションホルダー B のコールオプションによる満期 T における利益 (ペイオフ) と，式 (4-4) のオプションライター A の複製ポートフォリオによる利益を次式のように一致させると，両者の利益，損失が同じとなります：

$$(4\text{-}5) \qquad \max\{S(T) - K,\, 0\} = (1+r)x + S(T)y.$$

この式 (4-5) の状態を「**リスク中立**」といいます．リスク中立であれば，オプションホルダー B とオプションライター A のどちらか一方だけが利益を得て，

80   4. オプション取引について

他方が損失を被る心配はありませんので，A, B 両者でコールオプションを取引することができます。

満期 T における株価 $S(T)$ は，$(1+u)S_0$ または $(1+d)S_0$ の値をとりますので，これらの値を方程式 (4-5) の $S(T)$ に代入すると，次の連立 1 次方程式が導出されます：

(4-6)
$$\begin{cases} \max\{(1+u)S_0 - K,\ 0\} = (1+r)x + (1+u)S_0 y, \\ \max\{(1+d)S_0 - K,\ 0\} = (1+r)x + (1+d)S_0 y. \end{cases}$$

この連立 1 次方程式を未知数 x, y について解き，x, y の解を複製ポートフォリオ (4-2) 式に代入して，コールオプション・プレミアム C_0 を求めます。

ここで，リスク中立の意味をもう一度考えましょう。リスク中立とは，オプションライター A の複製ポートフォリオによる利益と，オプションホルダー B のコールオプションによる利益 (ペイオフして得られた) が一致することでした。この関係が連立 1 次方程式 (4-6) で表されますが，それでは「一致する」とは何を意味するのでしょうか。

まず，満期 T における株価が権利行使価格 K 円より値上がりした場合，すなわち，$S(T) = (1+u)S_0 > K$ ならば，オプションホルダー B は権利行使して，ペイオフ関数より

$$\max\{(1+u)S_0 - K,\ 0\} = (1+u)S_0 - K \quad [\text{円}]$$

が利益となります。この利益は B がオプション契約に従い，A から K 円で株式を買い取り，すぐに市場で $(1+u)S_0$ 円で売ることで得られます。

一方，A は満期 T に市場で $(1+u)S_0$ ［円］で株式を買い，B にその株式を渡します。このとき A は B とは逆に $(1+u)S_0 - K$ ［円］の損失となりますが，B から得たオプションプレミアム C_0 円を元手につくった複製ポートフォリオが $(1+u)S_0 - K$ ［円］に一致するため，A は B が権利を行使 (ペイオフ) しても損をしません。この仕組みを連立 1 次方程式 (4-6) が表しています。

4.2 コールオプション価格の決まり方

手順 V —— コールオプション・プレミアムを求める

連立1次方程式 (4-6) を解くために，上の式から下の式を引きます：

(4-7) $\max\{(1+u)S_0 - K,\, 0\} - \max\{(1+d)S_0 - K,\, 0\}$
$$= (u-d)S_0 y.$$

この両辺を $(u-d)S_0$ で割ると，y の値が次のように得られます：

$$y = \frac{\max\{(1+u)S_0 - K,\, 0\} - \max\{(1+d)S_0 - K,\, 0\}}{(u-d)S_0}.$$

この値を連立1次方程式 (4-6) の上もしくは下の式に代入することで，x の値が次のように得られます：

$$x = \frac{1}{1+r}\left[\frac{1+u}{u-d}\max\{(1+d)S_0 - K,\, 0\}\right.$$
$$\left. - \frac{1+d}{u-d}\max\{(1+u)S_0 - K,\, 0\}\right].$$

これを複製ポートフォリオの式 $C_0 = x + S_0 y$ に代入して，コールオプション・プレミアムが得られます：

(4-8) $C_0 = x + S_0 y$
$$= \frac{1}{1+r}\left[\frac{r-d}{u-d}\max\{(1+u)S_0 - K,\, 0\}\right.$$
$$\left. + \frac{u-r}{u-d}\max\{(1+d)S_0 - K,\, 0\}\right].$$

それでは，次の例題を計算して，オプション・プレミアムを具体的に求めましょう。

◇**例題 4.2** 株式のコールオプションを考える。現時点 $t=0$ での株価を 1,000 円，安全利子率 $r = 0.02$，収益率 $u = 0.03$，$d = -0.01$，権利行使価格 K を 1,010 円とする (図 10)。このとき，コールオプション・プレミアム C_0 を求めよ。

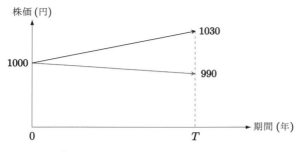

図 10　例題 4.2

【解答】　式 (4-8) より，コールオプション・プレミアムは

$$C_0 = \frac{1}{1+r}\left[\frac{r-d}{u-d}\max\{(1+u)S_0 - K,\, 0\}\right.$$
$$\left. + \frac{u-r}{u-d}\max\{(1+d)S_0 - K,\, 0\}\right]$$
$$= \frac{1}{1.02}\left[\frac{0.03}{0.04}\max\{1.03 \times 1000 - 1010,\, 0\}\right.$$
$$\left. + \frac{0.01}{0.04}\max\{0.99 \times 1000 - 1010,\, 0\}\right]$$
$$= \frac{1}{1.02} \times \frac{3}{4} \times 20 \cong 14.71$$

です。よって，このコールオプションを買うためには 14.71 円支払うことになります。　　□

このとき，式 (4-2) で与えられる複製ポートフォリオ $C_0 = x + S_0 y$ の x, y を求めてみると，$x = -242.6$ [円]，$y = \dfrac{1}{4}$ [株] となります。すなわち，オプションライターは，コールオプション・プレミアム $C_0 = 14.71$ [円] に，借金して得た $-x = 242.6$ [円] を加えた 257.31 [円] を使って株式を $\dfrac{1}{4}$ 株 買うという複製ポートフォリオに投資します。

4.2 コールオプション価格の決まり方

手順 VI ── リスク中立確率を求める

手順 I ～ V までの考え方が，オプションライター A とオプションホルダー B 両者の将来リスクを求めるための一番目の手法でした。ですが，いままでの手順では「株価上昇」と「株価下落」のランダムネスを扱っていません。これから説明する「リスク中立確率」の議論を通じて，株価のランダムネスにかかわらず，プレミアムが決定します。この考え方は数理ファイナンス独特のもので，さらに本質的なアイディアです。

式 (4-8) のコールオプション・プレミアムの式をもう一度見直しましょう：

$$C_0 = \frac{1}{1+r}\left[\frac{r-d}{u-d}\max\{(1+u)S_0 - K,\, 0\} \right.$$
$$\left. + \frac{u-r}{u-d}\max\{(1+d)S_0 - K,\, 0\}\right].$$

右辺の r は安全資産の利率なので，$\dfrac{1}{1+r}$ は第 2 章で説明した割引計算です。この分数に続く [ ] 内の項

(4-9)　$\dfrac{r-d}{u-d}\max\{(1+u)S_0 - K,\, 0\} + \dfrac{u-r}{u-d}\max\{(1+d)S_0 - K,\, 0\}$

を以下のように[7]解釈します。上の式 (4-9) の "max" のまえの 2 つの係数を次のようにおきます：

(4-10)　　　　　　　$p_u^* = \dfrac{r-d}{u-d}, \qquad p_d^* = \dfrac{u-r}{u-d}.$

ここで，

・条件 4 の不等式 $d < r < u$ より p_u^* と p_d^* はともに正の値をとる，

・$p_d^* + p_u^* = 1$ が成立する，

という 2 点から，p_u^* と p_d^* は新たに導出される確率と考えられ，これを「リスク中立確率」[8]とよびます。

---

[7]株価の変動のランダムネスとは異なる，新しい確率を導入するために必要な視点です。

[8]この確率は，4.7 節で紹介する「ブラック・ショールズの公式」を考察する際に本質的な役割を果たします。

例えば，先の例題 4.2 についてリスク中立確率を求めると，$p_u^* = \dfrac{3}{4}$, $p_d^* = \dfrac{1}{4}$ となります．

この新たに定めたリスク中立確率を用いて，式 (4-9) を次のように書き換えます：

$$(4\text{-}11) \quad p_u^* \times \max\{(1+u)S_0 - K,\, 0\} + p_d^* \times \max\{(1+d)S_0 - K,\, 0\}.$$

上の式 (4-11) の 2 つの値

$$\max\{(1+u)S_0 - K,\, 0\},\quad \max\{(1+d)S_0 - K,\, 0\}$$

は，ペイオフ $\max\{S(T) - K,\, 0\}$ がとる値でした．これらをリスク中立確率 p_u^*, p_d^* によって定まる確率分布によってランダムに変化する 2 つの値，と考えると，p_u^* と p_d^* は，それぞれ株価 $S(T)$ が S_0 の $1+u$ 倍と $1+d$ 倍になる確率と解釈できます[9]．

ここで確率変数の期待値の定義を思い出すと，式 (4-11) で定まる値は，リスク中立確率によるペイオフ

$$(4\text{-}12) \qquad\qquad \max\{S(T) - K,\, 0\}$$

の期待値とみることができます[10]．そこで，E^* でリスク中立確率 p_u^*, p_d^* による期待値を表すことにします[11]．このとき一期間二項モデルでは

「コールオプション・プレミアム C_0 は，リスク中立確率による満期 $t = T$ でのペイオフの期待値を現時点 $t = 0$ に安全利子率 r で割引をしたもの」

と考えられるので，次の数式による表現を得ます：

$$(4\text{-}13) \qquad\qquad C_0 = \frac{1}{1+r} E^*\left[\max\{S(T) - K,\, 0\}\right].$$

このように，一期間二項モデルにおけるコールオプション・プレミアムは，

---

[9] 株価の上昇，下落などの実際に起こる現象の確率とは異なる，新たな確率分布がリスク中立確率から定まります．

[10] このようにしてペイオフの期待値を計算すると，オプションライター A とオプションホルダー B の損益が一致して，満期 $t = T$ のとき両者のリスクが同じになる（中立化される）ので，p_u^*, p_d^* はリスク中立確率とよばれます．

[11] 実際に起こる現象の確率とは異なる確率分布から計算されるので，表記を改めます．

4.3 プットオプション・プレミアムの導出

リスク中立確率によるペイオフの期待値を安全利子率で割引することで得られることがわかりました．この考え方を応用して，多期間二項モデルで表される株価についてもコールオプション・プレミアムを求めることができます．

4.3　プットオプション・プレミアムの導出

プットオプションのペイオフは，コールオプションとは異なります．これは，4.1.1 項，4.1.2 項で表などを用いて，プットオプションで得られる利益がコールオプションとは異なる様子を説明したことからもわかります．実際，プットオプションのペイオフは次の式で与えられます：

$$\max\{K - S(T), 0\}.$$

その理由ですが，プットオプションは，オプションホルダー B がオプションライター A に株式を権利行使価格 K 円で売る権利です．オプションホルダー B は $K < S(T)$ のときは権利行使しませんが，$K > S(T)$ のときに権利行使します．これを数式で表したものが上のペイオフ関数で，図 11 のような形状をしています：

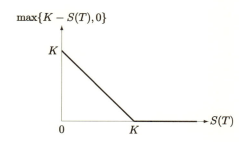

図 11　プットオプションにおける $S(T)$ とペイオフの関係

コールオプション・プレミアム C_0 の価格の式 (4-8) を求めたのと同様にして，ペイオフ関数を用いて，プットオプション・プレミアム (P_0 で表します) の価格の式が手順 III から手順 IV をへて導出されます．得られる結果は，次の式になります：

(4-14)　　$P_0 = \dfrac{1}{1+r}\left[\dfrac{r-d}{u-d}\max\{K-(1+u)S_0,\ 0\}\right.$
$\left.+\dfrac{u-r}{u-d}\max\{K-(1+d)S_0,\ 0\}\right].$

ここで，プットオプション・プレミアムにおける複製ポートフォリオ

(4-15)　　　　　　　　$P_0 = x + S_0 y$

の x, y は

$$x = \dfrac{1}{1+r}\left[\dfrac{1+u}{u-d}\max\{K-(1+d)S_0,\ 0\}\right.$$
$$\left.+\dfrac{1+d}{u-d}\max\{K-(1+u)S_0,\ 0\}\right]\ [円],$$

$$y = \dfrac{\max\{K-(1+u)S_0,\ 0\}-\max\{K-(1+d)S_0,\ 0\}}{(u-d)S_0}\ [株]$$

になります。

◇例題 4.3　株式のプットオプションを考えます。満期 T での株価を $S(T) = 1000$ [円] とします。権利行使価格 $K > 0$ を x 軸，コールオプションのペイオフ価格を y 軸としてペイオフ関数 $\max\{K-S(T),\ 0\}$ のグラフを描きなさい。

【解答】図 12 を参照して下さい。　　　　　　　　　　　　　　□

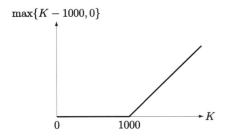

図 12　例題 4.3 の解答 (権利行使価格 K 円とペイオフの関係)

4.4 二期間二項モデル

◇**例題 4.4** 株式のプットオプションを考える。現在価格 S_0 を 1,000 円，安全利子率 $r = 0.03$，収益率 $u = 0.05$，$d = -0.01$，権利行使価格 K を 1,000 円とする。このとき，プットオプションのプレミアム P_0 を求めよ。

【解答】 式 (4-14) より

$$
\begin{aligned}
P_0 &= \frac{1}{1+r}\left[\frac{r-d}{u-d}\max\{K-(1+u)S_0,\,0\}\right.\\
&\qquad\left.+\frac{u-r}{u-d}\max\{K-(1+d)S_0,\,0\}\right]\\
&= \frac{1}{1.03}\left[\frac{0.04}{0.06}\max\{1000-1.05\times1000,\,0\}\right.\\
&\qquad\left.+\frac{0.02}{0.06}\max\{1000-0.99\times1000,\,0\}\right]\\
&= \frac{1}{1.03}\times\frac{1}{3}\times10 \cong 3.24\,.
\end{aligned}
$$

よって，このプットオプションを買うためには 3.24 円支払うことになります。このとき，複製ポートフォリオ $P_0 = x + S_0 y$ の x, y を求めると，$x = 169.9$ [円]，$y = -\dfrac{1}{6}$ [株] になります。すなわち，オプションライターは，プットオプション・プレミアム $P_0 = 3.24$ [円] に株式を $\dfrac{1}{6}$ 株 空売りして得た資金 $S_0 y = \dfrac{1000}{6}$ [円] を加えた 169.9 円を安全資産 x として預金するという複製ポートフォリオに投資します。　　　　□

4.4　二期間二項モデル

前節で考察した一期間二項モデルを本節では二期間二項モデルの場合へと拡張します。

前節では一期間の長さ T としましたが，2 つの期間に分割することで $[0, T/2]$ と $[T/2, T]$ の二期間の場合を考えます。また，各期間において安全資産の利率は $r/2$，収益率が $u/2$, $d/2$ と，それぞれ $1/2$ ずつになることを仮定します[12]。

_____
[12] 第 1 章の仮定 (p.6) と同様に，単位期間の長さに応じた割合で利率を変えます。

一期間二項モデル (図 6) では，T でとりうる値が 2 つでしたが，$T/2$ までを一期間とすると下図にあるように，満期 T にはとりうる値が 3 つになります。

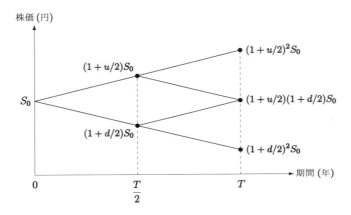

図 13　二期間二項モデル

この二期間二項モデルでは，株価の変動を次式のように考えます：

$$(4\text{-}16) \qquad S(T) = S_0 \times \frac{S(T/2)}{S_0} \times \frac{S(T)}{S(T/2)}.$$

また，各期間における株価の変動は互いに独立であることを仮定します。いい換えると，前の期間での株価の上昇・下降と次の期間での上昇・下降は，互いに影響を与えないことを仮定します。この式と図 13 を比べて，直前の株価との比率が $1 + u/2$ または $1 + d/2$ で与えられることがわかります。そこで，前節で説明したリスク中立確率を各期間について定めます。ここで，P^* はリスク中立確率を表す[13]こととします：

<u>期間 $[0, T/2]$ でのリスク中立確率</u>

$$(4\text{-}17) \qquad \begin{cases} P^*\left\{ S\left(\dfrac{T}{2}\right) = \left(1 + \dfrac{u}{2}\right) S_0 \right\} = p_u^* = \dfrac{r/2 - d/2}{u/2 - d/2}, \\ P^*\left\{ S\left(\dfrac{T}{2}\right) = \left(1 + \dfrac{d}{2}\right) S_0 \right\} = p_d^* = \dfrac{u/2 - r/2}{u/2 - d/2}. \end{cases}$$

---

[13] この P^* によって，E^* を計算することができます。

4.4 二期間二項モデル

期間 $[T/2, T]$ でのリスク中立確率

$$
(4\text{-}18) \quad
\begin{cases}
P^* \left\{ S(T) = \left(1 + \dfrac{u}{2}\right) S\left(\dfrac{T}{2}\right) \right\} = p_u^* = \dfrac{r/2 - d/2}{u/2 - d/2}, \\[3mm]
P^* \left\{ S(T) = \left(1 + \dfrac{d}{2}\right) S\left(\dfrac{T}{2}\right) \right\} = p_d^* = \dfrac{u/2 - r/2}{u/2 - d/2}.
\end{cases}
$$

このように二期間でリスク中立確率を与え，株価の変動の独立性を仮定したことから，$S(T)$ の確率分布[14] は次のように定まります：

$S(T)$ の値	$(1+d/2)^2 S_0$	$(1+u/2)(1+d/2)S_0$	$(1+u/2)^2 S_0$
リスク中立確率	$(p_d^*)^2$	$2p_u^* p_d^*$	$(p_u^*)^2$

次に，二期間二項モデルにおけるコールオプション・プレミアム C_0 を求めます。一期間二項モデルと同様に

1. 満期 T におけるペイオフ $\max\{S(1) - K,\, 0\}$ の期待値を求める，

2. 安全資産の利率で割引する，

ことで導出されます。

まず **1** については，リスク中立確率での期待値を E^* で表すことで，

$$
\begin{aligned}
E^* \left[\max\{S(T) - K,\, 0\} \right] = \; & \max\left\{ \left(1 + \frac{u}{2}\right)^2 S_0 - K,\, 0 \right\} (p_u^*)^2 \\
& + \max\left\{ \left(1 + \frac{u}{2}\right)\left(1 + \frac{d}{2}\right) S_0 - K,\, 0 \right\} (2 p_u^* p_d^*) \\
& + \max\left\{ \left(1 + \frac{d}{2}\right)^2 S_0 - K,\, 0 \right\} (p_d^*)^2
\end{aligned}
$$

と計算できます。

次に **2** については，二期間分の割引率が $\dfrac{1}{(1 + r/2)^2}$ であることに注意します。

この 2 点より，二期間二項モデルにおけるコールオプション・プレミアム C_0 は，次の式で表されます：

---

[14] この分布は二項分布から導かれます。

$$(\textbf{4-19}) \quad C_0 = \frac{1}{(1+r/2)^2} E^* \left[\max\{S(T) - K,\, 0\}\right]$$

$$= \frac{1}{(1+r/2)^2} \left[\max\left\{\left(1+\frac{u}{2}\right)^2 S_0 - K,\, 0\right\} (p_u^*)^2\right.$$

$$+ \max\left\{\left(1+\frac{u}{2}\right)\left(1+\frac{d}{2}\right) S_0 - K,\, 0\right\} (2p_u^* p_d^*)$$

$$\left.+ \max\left\{\left(1+\frac{d}{2}\right)^2 S_0 - K,\, 0\right\} (p_d^*)^2\right].$$

4.5 多期間二項モデル

さらに，満期 T までの時間を n 期間に分割した，n 期間二項モデルを考えます。現時点から満期までの期間 $[0, T]$ を次のように n 個の期間に分割します：

$$[0, T] = \left[0, \frac{T}{n}\right] \cup \left[\frac{T}{n}, \frac{2T}{n}\right] \cup \cdots \cup \left[T - \frac{T}{n}, T\right].$$

ただし，議論を簡単にするために T は整数とします。また，各期間において安全資産の利率は r/n，収益率が u/n, d/n とします[15]。次の図は，満期 T で $n = 5$ とする五期間二項モデルです (図 14)。満期 T では，6 つの値をとる可能性があります。

このとき，各期間ごとに，株価が直前の株価の $1 + u/n$ 倍または $1 + d/n$ 倍となる確率 P^* は，それぞれ，一期間二項モデルのリスク中立確率と同様に，$k = 1, 2, \ldots, n$ について

$$P^* \left\{ S\left(\frac{kT}{n}\right) = \left(1 + \frac{u}{n}\right) S\left(\frac{(k-1)T}{n}\right) \right\} = p_u^*,$$

$$P^* \left\{ S\left(\frac{kT}{n}\right) = \left(1 + \frac{d}{n}\right) S\left(\frac{(k-1)T}{n}\right) \right\} = p_d^*$$

で与えられるものとします。このように確率が与えられたとき，n 期間中に，株価が $(1 + u/n)$ 倍になるのが k 回，株価が $(1 + d/n)$ 倍になるのが $n - k$ 回

[15] $n = 2$ のときを 4.4 節で説明しました。

4.5 多期間二項モデル

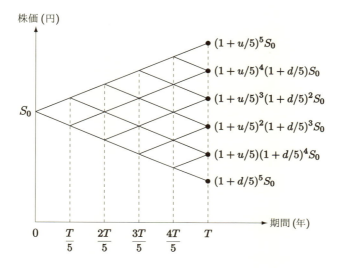

図 14 五期間二項モデル

となる確率は次のように与えられます[16]:

(4-20) $\quad P^*\left\{S(T) = \left(1+\dfrac{u}{n}\right)^k \left(1+\dfrac{d}{n}\right)^{n-k} S_0 \right\} = {}_nC_k (p_u^*)^k (p_d^*)^{n-k}.$

以上の準備から, コールオプション・プレミアム C_0 は

1. 満期 T におけるペイオフ $\max\{S(1) - K, 0\}$ の期待値を式 (4-20) の確率から求める,
2. 安全資産の n 期間での利率 $\dfrac{1}{\left(1+\frac{r}{n}\right)^n}$ で割引する,

ことで, 次のように導出されます:

(4-21) $\quad C_0 = \dfrac{1}{\left(1+\frac{r}{n}\right)^n} E^*[\max\{S(T) - K, 0\}]$

$= \dfrac{1}{\left(1+\frac{r}{n}\right)^n} \displaystyle\sum_{k=0}^{n} \max\left\{\left(1+\dfrac{u}{n}\right)^k \left(1+\dfrac{d}{n}\right)^{n-k} S_0 - K, 0\right\} {}_nC_k (p_u^*)^k (p_d^*)^{n-k}.$

---

[16] 二項分布の計算です. 詳しくは付録 A.4 節を参照して下さい. なお, ${}_nC_k = \dfrac{n!}{k!(n-k)!}$ です.

◇**例題 4.5** 満期 1 年の二期間二項モデルによる株式コールオプションを考える。株価の現在価格 S_0 は 1,000 円で，1 年間の収益率を $u = 0.03, d = -0.01$ とする。また，株価は 2 つの期間で互いに独立に変動すると仮定する。さらに，権利行使価格 K は 1,010 円で，安全利子率を $r = 0.02$ とする。このとき，リスク中立確率およびコールオプション・プレミアム C_0 を求めよ。ただし，各期間 $[0, 1/2], [1/2, 1]$ での収益率は $u/2, d/2$，安全利子率は $r/2$ とする。

【**解答**】 $T = 1$ なので，二期間二項モデルの図は次のようになります。満期時の株価がとりうる値は 3 つあるので，各々の点に進む確率を求めるため，リスク中立確率を求めます。

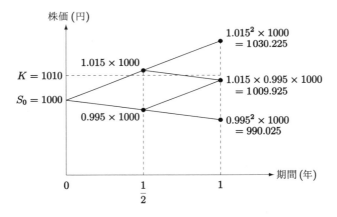

図 15 例題 4.5 の二期間二項モデル

期間 $\left[0, \frac{1}{2}\right]$ において，株価が変動するリスク中立確率は次のように与えられます：

$$P^* \left\{ S\left(\frac{1}{2}\right) = \left(1 + \frac{0.03}{2}\right) \times 1000 \right\} = \frac{r - d}{u - d} = \frac{0.03}{0.04} = \frac{3}{4},$$

$$P^* \left\{ S\left(\frac{1}{2}\right) = \left(1 - \frac{0.01}{2}\right) \times 1000 \right\} = \frac{u - r}{u - d} = \frac{0.01}{0.04} = \frac{1}{4}.$$

また，期間 $\left[\frac{1}{2}, 1\right]$ において，株価が変動するリスク中立確率も

4.5 多期間二項モデル

$$P^* \left\{ S(1) = \left(1 + \frac{0.03}{3} \right) \times S\left(\frac{1}{2}\right) \right\} = \frac{r-d}{u-d} = \frac{3}{4} = p^*,$$

$$P^* \left\{ S(1) = \left(1 - \frac{0.01}{3} \right) \times S\left(\frac{1}{2}\right) \right\} = \frac{u-r}{u-d} = \frac{1}{4} = q^*$$

で与えられます。2つの期間で株価は互いに独立に変動することを仮定しているので，$S(1)$ の分布は，リスク中立確率のもとで次のように定まります[17]：

$$P^* \left\{ S(1) = 990.025 \right\} = {}_2\mathrm{C}_0 \, (p^*)^0 (q^*)^{2-0} = \left(\frac{1}{4}\right)^2 = \frac{1}{16},$$

$$P^* \left\{ S(1) = 1009.925 \right\} = {}_2\mathrm{C}_1 \, (p^*)^1 (q^*)^{2-1} = 2 \times \frac{3}{4} \times \frac{1}{4} = \frac{6}{16},$$

$$P^* \left\{ S(1) = 1030.225 \right\} = {}_2\mathrm{C}_2 \, (p^*)^2 (q^*)^{2-2} = \left(\frac{3}{4}\right)^2 = \frac{9}{16}.$$

$S(1)$ の値	990.025	1009.925	1030.225
リスク中立確率	$\frac{1}{16}$	$\frac{6}{16}$	$\frac{9}{16}$

また，$K = 1010$ なので，図 15 にあるように，$\max\{S(1) - K\}$ の値は $S(1) = 1030.225$ のとき以外は 0 になります。これらより，満期 T におけるペイオフ $\max\{S(1) - K,\, 0\}$ の期待値は，次で与えられます：

$$
\begin{aligned}
E^* \left[\max\{S(1) - K,\, 0\} \right] &= \max\{1030.225 - 1010,\, 0\} \times \frac{9}{16} \\
&\quad + \max\{1009.925 - 1010,\, 0\} \times \frac{6}{16} \\
&\quad + \max\{990.025 - 1010,\, 0\} \times \frac{1}{16} \\
&= 20.225 \times \frac{9}{16} + 0 \times \frac{6}{16} + 0 \times \frac{1}{16} \\
&= 11.3765 \cdots .
\end{aligned}
$$

この期待値を二期間での割引率 $\dfrac{1}{\left(1 + \frac{r}{2}\right)^2} = \dfrac{1}{\left(1 + \frac{0.02}{2}\right)^2} = \dfrac{1}{1.01^2}$ で現在価値に引き戻すことで，コールオプション・プレミアムが求まります：

---

[17] 二項分布から導かれます。

$$C_0 = \frac{1}{\left(1+\frac{r}{2}\right)^2} E^* \left[\max\{S(1) - K, 0\}\right]$$
$$= \frac{1}{1.01^2} \times 11.3765\cdots \cong 11.15 \, [\text{円}]. \qquad \square$$

◇例題 4.6　満期 1 年の三期間二項モデルによる株式コールオプションを考える。株価の現在価格 S_0 は 1,000 円で，1 年間の収益率を $u = 0.03$, $d = -0.01$ とする。また，株価は各期間で互いに独立に変動すると仮定する。さらに，権利行使価格 K は 1,010 円で，安全利子率を $r = 0.02$ とする。このとき，リスク中立確率およびコールオプション・プレミアム C_0 を求めよ。ただし，各期間での収益率は $u/3, d/3$，安全利子率は $r/3$ とする。

【解答】　$T = 1$ なので，三期間二項モデルの図は次のようになります。

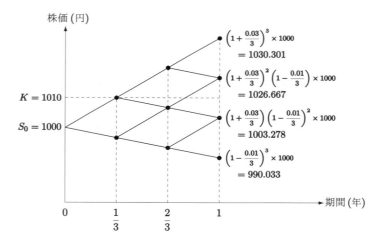

図 16　例題 4.6 の三期間二項モデル

満期時の株価がとりうる値は 4 つあるので，各々の点に進む確率を求めます。$k = 1, 2, 3$ について，どの期間 $\left[\dfrac{k-1}{3}, \dfrac{k}{3}\right]$ でも収益率は $\dfrac{0.03}{3}$ か，あるいは

4.5 多期間二項モデル

$-\dfrac{0.01}{3}$ で安全利子率は $\dfrac{0.02}{3}$ であることから，リスク中立確率は次のように与えられます：

$$P^*\left\{S\left(\frac{k}{3}\right) = \left(1 + \frac{0.03}{3}\right) \times S\left(\frac{k-1}{3}\right)\right\} = \frac{r-d}{u-d} = \frac{3}{4} = p^*,$$

$$P^*\left\{S\left(\frac{k}{3}\right) = \left(1 - \frac{0.01}{3}\right) \times S\left(\frac{k-1}{3}\right)\right\} = \frac{u-r}{u-d} = \frac{1}{4} = q^*.$$

各期間で株価は互いに独立に変動することを仮定しているので，$S(1)$ の分布は，リスク中立確率のもとで次のように定まります[18]：

$$P^*\big\{S(1) = 990.033\big\} = {}_3C_0\,(p^*)^0(q^*)^{3-0} = \left(\frac{1}{4}\right)^3 = \frac{1}{64},$$

$$P^*\big\{S(1) = 1003.278\big\} = {}_3C_1\,(p^*)^1(q^*)^{3-1} = 3 \times \frac{3}{4} \times \left(\frac{1}{4}\right)^2 = \frac{9}{64},$$

$$P^*\big\{S(1) = 1026.667\big\} = {}_3C_2\,(p^*)^2(q^*)^{3-2} = 3 \times \left(\frac{3}{4}\right)^2 \times \frac{1}{4} = \frac{27}{64},$$

$$P^*\big\{S(1) = 1030.301\big\} = {}_3C_3\,(p^*)^3(q^*)^{3-3} = \left(\frac{3}{4}\right)^3 = \frac{27}{64}.$$

$S(1)$ の値	990.033	1003.278	1026.667	1030.301
リスク中立確率	$\dfrac{1}{64}$	$\dfrac{9}{64}$	$\dfrac{27}{64}$	$\dfrac{27}{64}$

コールオプション・プレミアムは，リスク中立確率によるペイオフの期待値を三期間での割引率で現在価値に引き戻すことで求まります。$K = 1010$ なので，ペイオフの期待値は次で求まります：

$$\begin{aligned}
E^*\left[\max\{S(1) - K, 0\}\right] &= \left\{\left(1 + \frac{0.03}{3}\right)^3 \times 1000 - 1010\right\} \times \frac{27}{64} \\
&\quad + \left\{\left(1 + \frac{0.03}{3}\right)^2\left(1 - \frac{0.01}{3}\right) \times 1000 - 1010\right\} \times \frac{27}{64} \\
&= 11.39\,.
\end{aligned}$$

---
[18] $S(1)$ の値は近似値で与えています。

この値を割引率 $\dfrac{1}{\left(1+\frac{r}{3}\right)^3} = \dfrac{1}{\left(1+\frac{0.02}{3}\right)^3}$ で現在価値に引き戻すと，コールオプション・プレミアムは

$$
\begin{aligned}
C_0 &= \frac{1}{\left(1+\frac{r}{3}\right)^3}\, E^*\left[\max\left\{S(1)-K,\,0\right\}\right] \\
&= \frac{1}{\left(1+\frac{0.02}{3}\right)^3}\left[\left\{\left(1+\frac{0.03}{3}\right)^3 \times 1000 - 1010\right\} \times \frac{27}{64}\right. \\
&\qquad\qquad \left. + \left\{\left(1+\frac{0.03}{3}\right)^2\left(1-\frac{0.01}{3}\right)\times 1000 - 1010\right\}\times\frac{27}{64}\right] \\
&= \frac{1}{\left(1+\frac{0.02}{3}\right)^3}\left\{16.66\cdots\times\frac{27}{67} + 20.301\times\frac{27}{67}\right\} \\
&\cong 11.17\,[\text{円}]
\end{aligned}
$$

となります。　　　　　　　　　　　　　　　　　　　　　　　　　　□

◇**例題 4.7**　満期 3 年の六期間二項モデルによる株式コールオプションを考える。株価の現在価格 S_0 は 1,000 円で，1 年間の収益率を $u = 0.04,\ d = -0.04$ とする。また，株価は各期間で互いに独立に変動すると仮定する。さらに，権利行使価格 K は 1,000 円で，安全利子率を $r = 0.02$ とする。このとき，リスク中立確率およびコールオプション・プレミアム C_0 を求めよ。ただし，各期間での収益率は $u/2,\ d/2$ で安全利子率は $r/2$ とする。

【**解答**】　$T = 3$ となります。また，六期間二項モデルでは満期時に株価がとりうる値が 7 つあります。各々の点に進む確率を求めるため，リスク中立確率を求めます。

$k = 1,\ldots,6$ について，どの期間 $\left[\dfrac{3(k-1)}{6},\,\dfrac{3k}{6}\right]$ でも収益率は $\dfrac{0.04}{2}$ か，あるいは $-\dfrac{0.04}{2}$ で安全利子率は $\dfrac{0.02}{2}$ であることから，リスク中立確率は次のように与えられます：

4.5 多期間二項モデル

$$
P^* \left\{ S\left(\frac{3k}{2} \right) = \left(1 + \frac{0.04}{2} \right) \times S\left(\frac{3(k-1)}{2} \right) \right\} = \frac{r-d}{u-d} = \frac{3}{4} = p^*,
$$

$$
P^* \left\{ S\left(\frac{3k}{2} \right) = \left(1 - \frac{0.04}{2} \right) \times S\left(\frac{3(k-1)}{2} \right) \right\} = \frac{u-r}{u-d} = \frac{1}{4} = q^*.
$$

各期間で株価は互いに独立に変動することを仮定しているので，3年後の満期での株価 $S(3)$ の分布は，リスク中立確率のもとで次のように定まります[19]：

$S(3)$ の値	885.8	922.0	959.6	998.8	1039.6	1082.0	1126.2
リスク中立確率	$\frac{1}{4096}$	$\frac{18}{4096}$	$\frac{135}{4096}$	$\frac{540}{4096}$	$\frac{1215}{4096}$	$\frac{1458}{4096}$	$\frac{729}{4096}$

コールオプション・プレミアムは，リスク中立確率によるペイオフの期待値を六期間での割引率で現在価値に引き戻すことで求まります。$K = 1000$ なので，ペイオフの期待値は次で求まります：

$$
E^* \left[\max\{ S(3) - K, 0 \} \right] = \left\{ \left(1 + \frac{0.04}{2} \right)^6 \times 1000 - 1000 \right\} \times \frac{729}{4096}
$$

$$
+ \left\{ \left(1 + \frac{0.04}{2} \right)^5 \times \left(1 - \frac{0.04}{2} \right)^1 \times 1000 - 1000 \right\} \times \frac{1458}{4096}
$$

$$
+ \left\{ \left(1 + \frac{0.04}{2} \right)^4 \times \left(1 - \frac{0.04}{2} \right)^2 \times 1000 - 1000 \right\} \times \frac{1215}{4096}.
$$

この値を六期間での割引率 $\left(1 + \frac{0.02}{2} \right)^6$ で引き戻します：

$$
C_0 = \frac{1}{\left(1 + \frac{0.02}{2} \right)^6} E^* \left[\max\{ S(1) - K, 0 \} \right]
$$

$$
= \frac{1}{(1 + 0.01)^6} \left\{ 126.16 \cdots \times \frac{729}{4096} + 81.9 \cdots \times \frac{1458}{4096} + 39.5 \cdots \times \frac{1215}{4096} \right\}
$$

$$
\cong 63.379 \, [円].
$$

以上のようにして，六期間二項株価モデルにおけるコールオプション・プレミアム C_0 を求めることができます。 □

---

[19] $S(3)$ の値は近似値で与えています。

4.6 無裁定条件

4.4 節で，一期間二項モデルを用いてコールオプション・プレミアムを導出しました。そのときに条件 4 として，不等式

$$d < r < u$$

を仮定しました。この条件が満たされない場合の考察をすることで，この条件が必要な理由と，この条件が必ず利益を得られるわけではないという**無裁定条件**[20]とよばれる理由を説明します。

(1) $r < d$ の場合

安全資産の利率 r が株価下落時の収益率 d より小さいときは，現時点 $t = 0$ において，証券会社から利率 r で現金 S_0 円を借り入れ，すぐに株式市場で株式を一株 S_0 円で購入 (株式の空買い) します。その後，満期 T で株式を株式市場で売れば，$(1 + d)S_0$ 円以上[21]の金額を得ます。一方，$t = 0$ での借り入れの返済は，満期 T で $(1 + r)S_0$ 円です。これより，満期 T で株式を売ることで

$$(1 + d)S_0 - (1 + r)S_0 = (d - r)S_0 > 0$$

となり，これ以上の利益が必ず得られます。これは「元手 0 から出発し，正の利益を得る」ことができる「裁定取引」が存在することになります。また，オプションの計算のなかでリスク中立確率を計算しましたが，$r < d$ のときは

$$\begin{cases} p_u^* = \dfrac{r - d}{u - d} < 0, \\ p_d^* = \dfrac{u - r}{u - d} > 1 \end{cases}$$

となり，$\{p_u^*, p_d^*\}$ からはリスク中立確率が定義されず，オプションの議論ができません (図 17 参照)。

(2) $u < r$ の場合

安全資産の利率 r が株価が上昇時の収益率 u より大きいときは，現時点 $t = 0$ において，証券会社から株式を借り入れ，すぐに株式市場で株式を S_0 円で売

---

[20]数理ファイナンスでは，さらに一般化された式に対して無裁定条件という用語が使われますが，本書では特別な場合について説明します。

[21]株価が $1 + u$ 倍になった場合は，さらに値上がりします。

4.6 無裁定条件

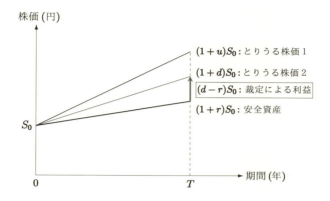

図 17　条件 $r < d$ による裁定取引

却 (株式の空売り) します．その後，満期 T で証券会社に返却するために株式市場でその株式を買いますが，それは $(1+u)S_0$ 円以下[22]の金額です．一方，$t=0$ で，株式の空売りによる S_0 円で安全資産を買えば，満期 T で $(1+r)S_0$ 円となります．これより，満期 T で高値で株式を買ったとしても

$$(1+r)S_0 - (1+u)S_0 = (r-u)S_0 > 0$$

となり，これ以上の利益が必ず得られます．この場合も「元手 0 から出発し，正の利益を得る」ことができる「裁定取引」が存在することになります．また，$u < r$ のときも

$$\begin{cases} p_u^* = \dfrac{r-d}{u-d} > 1, \\ p_d^* = \dfrac{u-r}{u-d} < 0 \end{cases}$$

となり，$\{p_u^*, p_d^*\}$ からはリスク中立確率が定義されません (図 18 参照)．

このように，条件 4 が満たされない市場では，リスク中立確率が存在せず，オプションの価格付けができません．

---

[22] 株価が $1+d$ 倍になった場合は，さらに値下がりします．

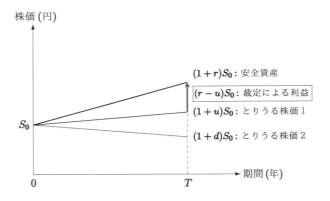

図 18 条件 $u < r$ による裁定取引

4.7 ブラック・ショールズの公式

4.7.1 ブラック・ショールズの公式の導出の概略

式 (4-21) は,n 期間二項モデルのコールオプション・プレミアム C_0 の値を与えます.前節ではいくつかの例と例題を示しましたが,どれも二項分布から導かれる確率分布を求め,期待値を計算する,という方法で値が求まります.そこで,C_0 の値を求める式 (4-21) において,$n \to \infty$ とすると,だんだん現実の株価の動きに近づきますので,以下の「ブラック・ショールズの公式」(4-23) が得られます.

詳しく書くと以下のようになります: 式 (4-20) より

$$P^* \left\{ S(T) = \left(1 + \frac{u}{n}\right)^k \left(1 + \frac{d}{n}\right)^{n-k} S_0 \right\}$$

$$= P^* \left\{ \frac{S(T)}{S_0} = \left(1 + \frac{u}{n}\right)^k \left(1 + \frac{d}{n}\right)^{n-k} \right\}$$

$$= P^* \left\{ \log \frac{S(T)}{S_0} = \log \left(\left(1 + \frac{u}{n}\right)^k \left(1 + \frac{d}{n}\right)^{n-k} \right) \right\}$$

$$= P^* \left\{ \log \frac{S(T)}{S_0} = k \log \left(1 + \frac{u}{n}\right) + (n-k) \log \left(1 + \frac{d}{n}\right) \right\}$$

4.7 ブラック・ショールズの公式

$$= {}_nC_k(p_u^*)^k(p_d^*)^{n-k} \quad (k = 1, 2, \ldots, n)$$

が成り立つことから, $\log \dfrac{S(T)}{S_0}$ はリスク中立確率 $p_u^* = \dfrac{r-d}{u-d}$, $p_d^* = \dfrac{u-r}{u-d}$ に関する二項分布に従います。そこで,

$$\begin{cases} m = \left\{ \log\left(1 + \dfrac{u}{n}\right) \right\} p_u^* + \left\{ \log\left(1 + \dfrac{d}{n}\right) \right\} p_d^*, \\[2mm] v = \left\{ \log\left(1 + \dfrac{u}{n}\right) \right\}^2 p_u^* + \left\{ \log\left(1 + \dfrac{d}{n}\right) \right\}^2 p_d^* - m^2 \end{cases}$$

とおくと, $\log \dfrac{S(T)}{S_0}$ は近似的に正規分布に従い, 任意の x に対して

(4-22) $$\lim_{n \to \infty} P\left\{ \frac{\log \frac{S(T)}{S_0} - nm}{\sqrt{nv}} \le x \right\} = \int_{-\infty}^{x} \frac{1}{\sqrt{2\pi}} e^{-\frac{t^2}{2}} \, dt := \Phi(x)$$

が成り立ちます ($\Phi(x)$ については次頁参照)。式 (4-22) は「**二項分布の正規近似**」とよばれる定理です。式 (4-21)

$$C_0 = \frac{1}{(1 + r/n)^n} E^* \left[\max\{S(T) - K, 0\} \right],$$

すなわち, コールオプション・プレミアムはペイオフ関数のリスク中立確率による期待値を割り引いたものですので, 式 (4-21) において $n \to \infty$ とすると, 式 (4-22) から「ブラック・ショールズの公式」が得られます。

ブラック・ショールズの公式

ヨーロピアン・コールオプションのプレミアム C_0 は次式で与えられる:

(4-23) $$\begin{cases} C_0 = S_0 \Phi(h_1) - \dfrac{K\Phi(h_2)}{e^{rT}}, \\[3mm] h_1 = \dfrac{\log(S_0/K) + (r + \sigma^2/2)T}{\sigma\sqrt{T}}, \\[3mm] h_2 = \dfrac{\log(S_0/K) + (r - \sigma^2/2)T}{\sigma\sqrt{T}}. \end{cases}$$

式 (4-23) は複雑ですが，C_0 の式にある S_0, K, r, T は定数で，まえもって決まっています。h_1, h_2 の式にある σ はボラティリティとよばれ，過去のデータなどから推定される値で，これについては 4.7.2 項で説明します。また，$\Phi(h_1), \Phi(h_2)$ の値は，正規分布の分布関数で定まり数値計算で求めます。これらを用いて，C_0 の値を定めます。この公式は，オプションプレミアムを求める基本的な公式として知られています[23]。以下では，この公式について説明していきます。

● ブラック・ショールズの公式における $\Phi(x)$ について

ブラック・ショールズの公式 (4-23) における $\Phi(x)$ は標準正規分布 $N(0,1)$ の累積分布関数で，次の定積分によって求められます：

$$\Phi(x) = \int_{-\infty}^{x} \frac{1}{\sqrt{2\pi}} e^{-\frac{t^2}{2}} dt.$$

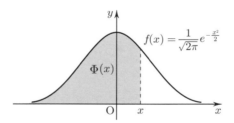

図 19　標準正規分布の累積分布関数 $\Phi(x)$

この積分 $\Phi(x)$ は上図のグラフのアミかけ部分の面積を求めることに対応します。ここで

$$\lim_{x \to \infty} \Phi(x) = \lim_{x \to \infty} \int_{-\infty}^{x} \frac{1}{\sqrt{2\pi}} e^{-\frac{t^2}{2}} dt = 1$$

となります。そして，対称性から $\Phi(0) = 1/2$ です[24]。

---

[23] ただし「正規分布を用いたモデルが現実を反映しているか」には議論があり，さまざまなモデルが提案されています。
[24] さらに，95％信頼区間を求めるときに使う数値の $\Phi(1.96) \cong 0.975$ という値 (ただし，この値はコンピュータによる数値計算，または正規分布表から求めます。) もこの積分から定まります。

4.7.2 ブラック・ショールズの公式における割引率

ブラック・ショールズの公式 (4-23) には，指数関数 e^{rT} で割り算する項があります。これはリスク中立確率によるペイオフの期待値を，満期 $t = T$ から現時点 $t = 0$ への連続複利による割引率を表しています。第 1 章・第 2 章で説明した連続複利ですが，オプションプレミアムの計算で重要なはたらきをしています。

連続複利による割引がでてくる理由を二項モデルで考えましょう。ここで正の整数 T を用いて満期を T 年として，1 年を n 期間に分けます。このとき，期間 $[0, T]$ は次のように nT 期間に分割できます：

$$[0, T] = \left[0, \frac{1}{n}\right] \cup \left[\frac{1}{n}, \frac{2}{n}\right] \cup \cdots \cup \left[T - \frac{1}{n}, T\right].$$

第 1 章と同様に，各区間での安全資産の利率を $\dfrac{r}{n}$ とします。このとき，各期間ごとの割引率は $\dfrac{1}{1 + r/n}$ で，満期 $t = T$ から現時点 $t = 0$ まで nT 期間の複利計算より

$$\overbrace{\frac{1}{1 + r/n} \times \cdots \times \frac{1}{1 + r/n}}^{nT \text{ 個}} = \left(1 + \frac{r}{n}\right)^{-nT}$$

となります。ここで $n \to \infty$ として，連続複利による割引率を求めると

$$\lim_{n \to \infty} \left(1 + \frac{r}{n}\right)^{-nT} = \lim_{n \to \infty} \left\{\left(1 + \frac{1}{n/r}\right)^{-n/r}\right\}^{rT} = e^{-rT}$$

となります。このことによって，コールオプション・プレミアム C_0 を定める式 (4-23) に指数関数 e^{-rt} が現れます。

4.7.3 収益率とボラティリティ

式 (4-23) 中の σ はボラティリティとよばれる，次に説明する収益率の標準偏差で，"資産価値の変動の様子を表す指標" です。

104　　　　　　　　　　　　　　　　　　　　4. オプション取引について

● 収 益 率

　過去の株価のデータが各日の終値 (おわりね) でとられている例を考え，k 日目の終値を $S(k)$ とします。このとき，前日の終値との比較での収益率 R_k は次の計算で求まります：

$$(4\text{-}24) \qquad R_k = \frac{S(k) - S(k-1)}{S(k-1)}.$$

　例えば，株式 p と株式 q が，$k = 1$ でそれぞれ 1,000 円と 10,000 円の株価をつけていたとします。翌日 $(k = 2)$ に株式 p は 100 円，株式 q は 500 円値上がりしたとき，株式 p の収益率 R_1^p と株式 q の収益率 R_1^q は，それぞれ次の式で求まります：

$$R_1^p = \frac{1100 - 1000}{1000} = 0.1, \qquad R_1^q = \frac{10500 - 10000}{10000} = 0.05.$$

　値上がり額は株式 q が大きく，収益率は株式 p が大きいことがわかります。**"株価変動の本質は収益率で判断することが妥当"** であると考えられますので，日毎の収益率について，そのデータを集めることで変動に関する特徴を推定できないか，というのが一つのアプローチです。

◇**例題 4.8**　次の表は，2018 年 3 月 26 日から 4 月 6 日までの[25]日経平均株価の終値の小数点以下を四捨五入したものである：

日付	3/26	3/27	3/28	3/29	3/30
終値 (円)	20,766	21,317	21,031	21.159	21,454

日付	4/2	4/3	4/4	4/5	4/6
終値 (円)	21,389	21,292	21,320	21,645	21,568

3 月 26 日を式 (4-24) での $k = 0$ として，$k = 1, 2, \ldots, 9$ について収益率 R_k の値を小数点第 5 位以下を四捨五入して求めよ。

【解答】　式 (4-24) で $k = 1$ とすると，R_1 は次の計算で求まります：

---

[25]取引が行われたのは平日の 10 日間です。

4.7 ブラック・ショールズの公式　　　　105

$$R_1 = \frac{S(1) - S_0}{S_0} = \frac{21317 - 20766}{20766} = 0.02653\cdots \cong 0.0265\,.$$

また，週末をはさんでいる R_6 は次の計算で求まります[26]：

$$R_6 = \frac{S(6) - S(5)}{S(5)} = \frac{21389 - 21454}{21454} \cong -0.0030\,.$$

以下の表で結果をまとめます：

収益率	R_1	R_2	R_3	R_4	R_5
値	0.0265	-0.0134	0.0061	0.0139	-0.0030

収益率	R_6	R_7	R_8	R_9
値	-0.0045	0.0013	0.0152	-0.0036

　　　　　　　　　　　　　　　　　　　　　　　　　　　　　□

● 対数収益率

　収益率とは異なりますが，ほぼ同じ値をとる「対数収益率」について説明します。

　$k-1$ 日目の株価 $S(k-1)$ の自然対数と k 日目の株価 $S(k)$ の自然対数との差

$$r_k = \ln S(k) - \ln S(k-1)$$

を**対数収益率**とよびます。対数収益率 r_k と通常の収益率 R_k のあいだには次のような関係があります：

$$r_k = \ln S(k) - \ln S(k-1) = \ln \frac{S(k)}{S(k-1)}$$

$$= \ln\left(\frac{S(k) - S(k-1)}{S(k-1)} + 1\right) = \ln(R_k + 1)\,.$$

つまり，2 日間の対数収益率は

$$\ln S(2) - \ln S(0) = \{\ln S(2) - \ln S(1)\} + \{\ln S(1) - \ln S(0)\}$$

$$= r_2 + r_1$$

より，2 日目と 1 日目の対数収益率の和になります。

---

[26]ここでは，取引時間外の長さの違いが収益率の変動に与える影響を無視しています。

106　　　　　　　　　　　　　　　　4.　オプション取引について

　このように，対数収益率は通常の収益率にはない便利な性質をもち，理論だ
けでなく，金融の実務でも頻繁に用いられています。

◇**例題 4.9**　前例題 4.8 の日経平均株価の終値の表について，3 月 26 日を
式 (4-24) での $k = 0$ として，$k = 1, 2, \ldots, 9$ について対数収益率 r_k の値
を小数点第 5 位以下を四捨五入して求めよ。

【**解答**】　例題 4.8 で求めた R_k $(k = 1, 2, \ldots, 9)$ から，$r_k = \ln(1 + R_k)$ を計
算します。得られる結果を次の表にまとめます：

対数収益率	r_1	r_2	r_3	r_4	r_5
値	0.0262	-0.0135	0.0061	0.0138	-0.0030

対数収益率	r_6	r_7	r_8	r_9
値	-0.0045	0.0013	0.0151	-0.0036

□

○**注 4.2**　例題 4.8 の結果と例題 4.9 の結果は，大きな違いがみられません。この理由
は，のちほど説明します。

　先ほどの例題では日毎のデータをとりましたが，単位取引区間を短くすれば
データの観測数を増やすことができます。各 i について r_i はランダムな値です
が，データを増やすと，「大数の法則」[27] から次の「算術平均」は一定の値に近
づくことが予想できます：

$$\frac{1}{n} \sum_{i=1}^{n} r_i = \frac{1}{n} \sum_{i=1}^{n} \ln(1 + R_i) := \widehat{\mu}.$$

　この $\widehat{\mu}$ は「n 個の対数収益率の**標本平均**」とよばれます。また，$\widehat{\mu}$ を用いて
「データから推定された対数収益率の分散」$\widehat{\sigma}^2$ を次の計算で求めます：

$$\widehat{\sigma}^2 = \frac{1}{n-1} \sum_{i=1}^{n} \{\ln r_i - \widehat{\mu}\}^2.$$

　$\widehat{\sigma}^2$ はその期待値が真の分散に一致するため「n 個の対数収益率の**不偏分散**」
とよばれます。

---

[27] 付録の定理 A.3 を参照して下さい。

4.7　ブラック・ショールズの公式　　　　107

● 収益率と対数収益率の違い

　これまでに収益率と対数収益率を紹介しましたが，収益率が低い場合は 2 つの値が大きく違わない理由を説明します．$\ln(1+x)$ をマクローリン展開[28]すると

$$\ln(1+x) = x - \frac{1}{2}x^2 + \frac{1}{3}x^3 - \frac{1}{4}x^4 + \cdots$$

なので，R_k が小さな値であれば，$\ln(1+R_k) \cong R_k$ となります[29]．

　例えば $\ln(1.2) = \ln(1+0.2) = 0.18232\cdots$ ですが，マクローリン展開を用いた近似値は $\ln(1.2) \cong 0.2$ と 10％ 程度の誤差がでます．次の表は $\ln(1+x)$ の近似値を小数点第 4 位以下を四捨五入することで求めたものです：

x の値	0.001	0.01	0.05	0.1	0.2	0.3	0.5	0.7
近似値	0.001	0.010	0.049	0.095	0.182	0.262	0.405	0.531

　このことから，株価の変動がそれほどなければ，収益率・対数収益率には大きな違いが現れません．ただし，収益率が大きい時期[30]の分析は正確にする必要があります．

◇例題 4.10　株式 p について，1 月から 6 月までの株価の終値 (月次終値) が次のように与えられた：

月	1 月	2 月	3 月	4 月	5 月	6 月
終値	500	800	1000	500	250	500

1 月を $k=0$ として，$k=1,2,\ldots,5$ について収益率 R_k と対数収益率 r_k の値を小数点第 3 位以下を四捨五入して求めよ．

【解答】　式 (4-24) と $r_k = \ln(1+R_k)$ に上の表の値を代入することで，次の表のように結果が得られます：

---

[28] $x=0$ の近くでテイラー展開することです．
[29] R_k の絶対値が 1 より小さければ，省略した $\cdots$ の計算を進めることでより良い近似値が求まります．
[30] 2011 年 3 月 10 日 (金) の終値は 10,434.38 円で 2011 年 3 月 15 日 (水) の終値は 8,605.15 円でした．この両日間の収益率を計算すると −21％ です．

k	1	2	3	4	5
R_k	0.6	0.25	-0.50	-0.50	1.00
r_k	0.47	0.22	-0.69	-0.69	0.69

$\square$

◇**例題 4.11** 次の収益率・対数収益率について，標本平均 $\widehat{\mu}$ と不偏分散 $\widehat{\sigma}^2$ をそれぞれ求めよ：

(1) 例題 4.8 の R_k

(2) 例題 4.9 の r_k

(3) 例題 4.10 の R_k

(4) 例題 4.10 の r_k

【解答】 (1) 標本平均 $\widehat{\mu}$ は次のように計算します：

$$\widehat{\mu} = \frac{0.0265 + (-0.0134) + \cdots + (-0.0036)}{9} = 0.004286\cdots \cong 0.0043\,.$$

不偏分散 $\widehat{\sigma}^2$ は次のように計算します：

$$\widehat{\sigma}^2 = \frac{(0.0265 - \widehat{\mu})^2 + \cdots + (-0.0036 - \widehat{\mu})^2}{8} = 0.0001532\cdots \cong 0.000153\,.$$

(2) 標本平均は $\widehat{\mu} \cong 0.0042$，不偏分散は $\widehat{\sigma}^2 \cong 0.00015$．

(3) 標本平均は $\widehat{\mu} \cong 0.17$，不偏分散は $\widehat{\sigma}^2 \cong 0.445$．

(4) 標本平均は $\widehat{\mu} = 0$，不偏分散は $\widehat{\sigma}^2 \cong 0.427$．

$\square$

この例題から，収益率・対数収益率に大きな違いがなければ，標本平均と不偏分散にも違いはさほど現れないことがわかります．

● ボラティリティとその推定

収益率 R_k（もしくは対数収益率 r_k）は毎日変化し，サイコロ投げの結果のような確率変数と考えられます．このような確率変数を特徴づけるものとして[31]

---

[31] 実データから，その背後にある法則をみつけ確率モデルを構成する手法は**データサイエンス**とよばれます（参考文献 [2]）．

4.7 ブラック・ショールズの公式 **109**

平均値と分散があげられます。例題 4.11 では実データから標本平均と不偏分散を求めましたが，収益率 R_k の標本平均を「**平均収益率**」とよびます。また，R_k の標準偏差は収益率の変動の様子を示します。収益率の変動により期待していた収益を得られなくなる可能性は**価格変動リスク**とよばれ，そのリスクを計る値として標準偏差が使われます。その値は「**ボラティリティ**」とよばれます。これらの値はデータのとり方によって変動しますが，ある程度の量のデータが集まった時点で「ボラティリティの推定」をします[32]。

日経 225 平均株価指標のような重要な株価指標については，前日のボラティリティが公表されます。また特定の銘柄については，いくつかの簡単な推定法があります。例えば，**ヒストリカル・ボラティリティ** (historical volatility) は代表的なボラティリティの推定量で，次のように求められます。

k 日目の収益率 R_k とその以前 19 日分の収益率 $R_{k-19}, R_{k-18}, \ldots, R_k$ を調べます。この平均収益率 $\widehat{\mu}_k$ を

$$\widehat{\mu}_k = \frac{R_{k-19} + R_{k-18} + \cdots + R_k}{20}$$

とします。このとき，ヒストリカル・ボラティリティ $\widehat{\sigma}_k$ は

$$\widehat{\sigma}_k = \sqrt{\frac{\left(R_{k-19} - \widehat{\mu}_{k-19}\right)^2 + \left(R_{k-18} - \widehat{\mu}_{k-18}\right)^2 + \cdots + \left(R_k - \widehat{\mu}_k\right)^2}{20 - 1}}$$

によって求められます。これを 2 乗した $\widehat{\sigma}_k^2$ は，20 日間の株価による「不偏分散」とよばれる分散の推定量です。この平方根をとった $\widehat{\sigma}_k$ によってボラティリティ σ を推定します。ヒストリカル・ボラティリティを計算する場合に，過去の何日分の株価を使えばよいかという明確な理論はありませんが，経験的に 20 日間程度の過去の株価を用いることで精度の良いボラティリティ推定量が得られることが知られています[33]。ランダムに変動する株価ボラティリティの推定は困難で，ファイナンス研究の中心の一つです。

---

[32] 統計学のファイナンス理論への応用は，例えば，参考文献 [5] で説明されています。
[33] 論文 [7] に詳しい内容が書かれています。

4.8 発展：株価変動を記述するブラック・ショールズモデルについて

本章では，一期間二項モデルあるいは多期間二項モデルという，一期間ごとに直前の株価の $1 + u$ 倍か $1 + d$ 倍が次の時点での株価となる株価モデルを用いて，オプションプレミアムを求めました。しかし本来のブラックとショールズによるオプションプレミアムの公式は，すべての時点で連続的に値をとる，以下のような株価モデルから導かれています。

$S(t)$ を時点 t における株価とします。時点 t から短い時間間隔 Δt [34] 後の株価の変化を次式

$$S(t + \Delta t) - S(t) = \mu S(t) \Delta t + \sigma S(t) \Delta W(t)$$

によって表すことにします。ただし μ は実数，$\sigma > 0$，$\Delta W(t)$ は平均 0，分散 Δt の正規分布に従ってランダムに変化する量とします。また $\Delta W(t)$ は時点が異なれば独立とします。(工学では $\Delta W(t)$ はホワイトノイズとよばれています。) この式は差分方程式の一種であり，ブラック・ショールズモデルとよばれる株価を記述する株価モデルとしてよく知られています。

ところで μ は株価が上下する割合を表します。例えば，$\mu = 0.1$，$S(t) = 1000$ 円，$\Delta t = 1$ 日としましょう。このとき $\mu S(t) \Delta t = 0.1 \times 1000 \times 1 = 100$ 円となり，時点 t で 1000 円の株式が翌日にその 10 ％ である 100 円値上がりすることから，$\mu = 0.1$ は株価の収益率 (ランダムでない部分の) を表します。

一方，$\Delta W(t)$ は分散 $\Delta t = 1$ より標準正規分布に従います。例えば，$\Delta W(t) = -0.3$，$\sigma = 0.1$ とすると，$\sigma S(t) \Delta W(t) = 0.1 \times 1000 \times (-0.3) = -30$ 円となり，

$$S(t + 1) - S(t) = \mu S(t) + \sigma S(t) \Delta W(t) = 100 - 30 = 70$$

より，$t + 1$ 日目の株価は $S(t + 1) = 1070$ 円となります。

ブラック・ショールズモデルを書き直すと

$$S(t + \Delta t) - S(t) = \{\mu \Delta t + \sigma \Delta W(t)\} S(t)$$

と表すことができますので，Δt 時間後の株価収益率は $\mu \Delta t + \sigma \Delta W(t)$ で，これは平均 μ，分散 $\sigma^2 \Delta t$ の正規分布 $N(\mu, \sigma^2 \Delta t)$ に従います。

以上から，ブラック・ショールズ株価モデルは正規分布 $N(\mu, \sigma^2 \Delta t)$ に従うランダムな収益率で変動する株価モデルと考えることができます。このような複雑な株価モデル

---

[34] ブラックとショールズは Δt を限りなく 0 に近づけた場合のオプションプレミアムを論文 Black and Scholes (1973) で求めています。

4.8 発展：株価変動を記述するブラック・ショールズモデルについて　　**111**

から導かれたオプションプレミアムと，多期間二項モデルから導かれたオプションプレミアムが同一のものであることに注意して下さい。これは確率論の重要な定理である「中心極限定理」[35]のはたらきによります。

第4章のまとめ ————

　この章では，オプションの考え方について例をあげて説明しました。たくさんの例がありますが，計算をなるべく省略せず，図もつけたのでじっくりと取り組めば理解できるかと思います。また，ブラック・ショールズの公式については詳しい説明は省いてしまいましたが，簡単に述べると，満期 $t = T$ におけるペイオフのリスク中立確率による期待値を，現時点 $t = 0$ に割引したものです。第4章では，株価モデルとして一期間二項モデル，あるいは多期間二項モデルを用いてリスク中立確率を求めましたが，ブラックとショールズは，論文 Black and Scholes (1973) において「ブラック・ショールズモデル」とよばれる，より現実の株価変動に近い株価モデルを用いてそのリスク中立確率を求めて，公式 (4-23) を導きました。[36]

---

[35]「中心極限定理」については付録の A.7 節を，詳しくは例えば参考文献 [6] を参照して下さい。
[36] 最後に，ブラック・ショールズの公式 (4-23) は，誰でもが計算により簡単に正しいプレミアムの価格を求められるようになったというご利益だけでなく，誰が求めても同じ値になるということから，いわゆる「標準化」が図られることになり，金融市場を一国内でとどまらせることなく世界市場へと拡大させたという意味で大変画期的であり，かつ有意義な公式であるのです。

5

ポートフォリオ理論入門

5.1　ポートフォリオとは

　ポートフォリオとはもともとは折鞄 (おりかばん) のことで，用途は書類入れで，型は二つ折，四つ折等のものがあり，かつてニューヨークやロンドンの金融業者が株券や債券を入れるために使っていました。このような事情から，「ポートフォリオ」は金融商品の組合せという意味で使われるようになりました。

　現在あなたが特に使い道のない 1,000 万円の現金をもっていたら，どのようにしてそれを増やしますか。銀行に預けるという人が多いと思いますが，現在 (平成 31 年 4 月 1 日) 都市銀行の定期預金の年利率はわずか 0.01% です。1,000 万円を 1 年預けても，たった 1,000 円の利子しか付きません。少しでも増やしたいのならば，銀行預金よりは高い金利や配当が見込める，例えば，証券会社が発行する投資信託のような金融商品に投資する必要があります。もちろん株式を買うことも効率の良い投資といえます。

　しかし，株式や投資信託のような金融商品は，確かに銀行の定期預金の金利よりも高い利子や配当が得られる可能性がありますが，定期預金のように絶対安全ではありません。株価は変動しますので，買ったときよりも株価が下がる可能性があります。投資信託も中身は株式や外貨建て債券といったリスクの高い金融商品でできていますので，買ったときよりも価格が下落する可能性があります。

　だれでも大事な資産は安全に運用したいと願っていますが，将来のインフレの可能性を考えると，いつまでたってもまったく増えないのも困ります。そこで，安全性を重視する人，運が悪ければ損をしてもよいので大きく増やす可能

113

114   5. ポートフォリオ理論入門

性に賭けたい人，それらの中間程度のリスクを許容する人など，**投資家の目的に従う効率的な金融商品の組合せを考察する方法**を「ポートフォリオ選択理論」といいます。1950 年代にマーコビッツによって提唱されたこの理論について，この章で説明します。

5.2　収益率とリスク

ポートフォリオを定量的に判断する指標として，第 4 章で取り上げた収益率とボラティリティを使います。

現時点での株式 q の株価を $Q(0) = 1000$ ［円］とします。株式 q の翌日の株価を $Q(1)$ 円として，次の確率分布に従って変動することを仮定します：

$Q(1)$ の値	900	1,000	1,100
確率	$\frac{2}{5}$	$\frac{1}{5}$	$\frac{2}{5}$

ここで，一株 1,000 円の株式が 10 円値上がりした場合と，一株 100 円の株式が同じく 10 円値上がりする場合は，値上がり額は同じでも，値上がり率は大きく異なります。株価の大小による曖昧さをとり除き，純粋に**"値上がり・値下がりの割合を示す指標"** が必要になるので，株価 Q の**収益率** (return) R_q を次で定義します：

$$R_q = \frac{Q(1) - Q(0)}{Q(0)}.$$

例えば，上の分布に従う $Q(1)$ で 1,000 円から 900 円に下落した場合は，$R_q = \frac{900 - 1000}{1000} = -0.1$ となります。また，収益率 R_q も株価と同様にランダムに変化し，確率分布は次のようになります：

R_q の値	-0.1	0	0.1
確率	$\frac{2}{5}$	$\frac{1}{5}$	$\frac{2}{5}$

確率分布が与えられたことで，**収益率 R_q の期待値** ($E[R_q]$ や μ_q で表します) も計算できます。上の例では，収益率の値とその確率の積の総和から次のように計算できます：

5.2 収益率とリスク

$$\mu_q = E[R_q] = 0.1 \times \frac{2}{5} + 0 \times \frac{1}{5} + (-0.1) \times \frac{2}{5} = 0 \ [\text{円}].$$

収益率の期待値 μ_q を**期待収益率**とよびます。"**期待収益率を比較することで複数の株式の価値 (パフォーマンス) を計り,それらに順序付けをすることができます。**"

期待収益率による株式の価値を説明しましたが,続いて,2 種類の株式について期待値が等しい場合を考えます。

先ほどと同様に,株式 s の現時点での株価 $S_0 = 1000$ [円] とします。また,翌日の株価 $S(1)$ は,次の確率分布に従って変動することを仮定します:

$S(1)$ の値	600	1,000	1,400
確率	$\frac{2}{5}$	$\frac{1}{5}$	$\frac{2}{5}$

このとき株式 s の収益率 R_s は,次の確率分布に従います:

R_s の値	-0.4	0	0.4
確率	$\frac{2}{5}$	$\frac{1}{5}$	$\frac{2}{5}$

この収益率 R_s の期待値 μ_s は,

$$\mu_s = E[R_s] = 0.4 \times \frac{2}{5} + 0 \times \frac{1}{5} + (-0.4) \times \frac{2}{5} = 0 \ [\text{円}]$$

となり,株式 q と同じ値になります。

ところで,2 つの株式は確率分布が異なります。分布の表を詳しくみると,株式 s は q より変動が激しいことがわかります。そこで "**変動の大きさを表す指標**" として,分散と標準偏差を用います。

株式 q の収益率 R_q の分散 ($V[R_q]$ や σ_q^2 で表す) は,次の計算で求めます:

$$\sigma_q^2 = V[R_q] = E[(R_q - \mu_q)^2]$$

$$= 0.1^2 \times \frac{2}{5} + 0^2 \times \frac{1}{5} + (-0.1)^2 \times \frac{2}{5} = 0.008.$$

この分散は,とりうる R_q の値とその期待値との差 (**偏差**とよびます) について,その 2 乗の値の平均を求める方法[1]で導出しました。また,**標準偏差は分**

---
[1] 第 1 章での方法 ($E[R_q^2] - \mu_q^2$) でも同じ結果がでます。

散の正の平方根ですので，収益率の標準偏差 (ボラティリティ) σ_q は

$$\sigma_q = \sqrt{0.008} \cong 0.0894 \; [\text{円}]$$

となります．株価ボラティリティ σ_q は，"**株価のリスクの大きさ**" を表します．

◇**例題 5.1**　株式 s の収益率 R_s の分散 σ_s^2 と標準偏差 σ_s を求めよ．

【解答】　R_s の期待値は $\mu_s = 0$ でしたので，分散 σ_s^2 は次の計算で求まります：

$$\sigma_s^2 = (0.4)^2 \times \frac{2}{5} + 0^2 \times \frac{1}{5} + (-0.4)^2 \times \frac{2}{5} = 0.128 \,.$$

また，標準偏差 σ_s は，正の平方根をとり，$\sigma_s = \sqrt{0.128} \cong 0.358 \; [\text{円}]$ となります．　　　　　　　　　　　　　　　　　　　　　　　　　　　□

第 1 章でも説明しましたが，分散の平方根をとることで求まる標準偏差は，期待値と単位が同じになります．このことから，"**本来の変動の大きさを表す指標は標準偏差が適切**" である，と考えられます．このことから，"σ_q, σ_s は株価 Q, S それぞれの株価リスクを表すボラティリティである"，と第 4 章でも説明しました．σ_s と σ_q の比較は，我々が感じる直感的な株価の変動量と符合しています．

次に，2 種類の株式の収益率が，互いに関連しつつ変動する場合を例としたものが次の例題です：

◇**例題 5.2**　株式 a と株式 b の 1 日の終値の収益率をそれぞれ R_a, R_b として，それらは次の確率分布に従い変動するものとする：

$$(5\text{-}1) \qquad \begin{cases} P\{(R_a, R_b) = (0.02, 0.01)\} = 0.4, \\ P\{(R_a, R_b) = (0.04, 0.05)\} = 0.6 \end{cases}$$

このとき，R_a, R_b のそれぞれの期待値，分散，標準偏差，および R_a, R_b の共分散，相関係数を求めよ．

【解答】　　$E[R_a] = 0.02 \times 0.4 + 0.04 \times 0.6 = 0.032,$

$E[R_b] = 0.01 \times 0.4 + 0.05 \times 0.6 = 0.034,$

5.2 収益率とリスク

$$V[R_a] = (0.02 - 0.032)^2 \times 0.4 + (0.04 - 0.032)^2 \times 0.6$$
$$= 0.000096 = 9.6 \times 10^{-5},$$
$$V[R_b] = (0.01 - 0.034)^2 \times 0.4 + (0.05 - 0.034)^2 \times 0.6$$
$$= 0.000384 = 3.84 \times 10^{-4},$$

よって、
$$\sigma_a = \sqrt{V[R_a]} = 0.009797 \cdots \cong 9.80 \times 10^{-3},$$
$$\sigma_b = \sqrt{V[R_b]} = 0.019595 \cdots \cong 1.96 \times 10^{-2}.$$

さらに、R_a と R_b の共分散 $Cov(R_a, R_b)$ は

$$Cov(R_a, R_b) = E[(R_a - \mu_a)(R_b - \mu_b)]$$
$$= (0.02 - 0.032)(0.01 - 0.034) \times 0.4$$
$$+ (0.04 - 0.032)(0.05 - 0.034) \times 0.6$$
$$= 0.000192 = 1.92 \times 10^{-4}.$$

相関係数 $\rho(R_a, R_b)$ は

$$\rho(R_a, R_b) = \frac{Cov(R_a, R_b)}{\sigma_a \sigma_b} = \frac{1.92 \times 10^{-4}}{9.8 \times 10^{-3} \times 1.96 \times 10^{-2}} \cong 0.9996.$$

このように、R_a が増大すれば R_b も増大することから、共分散、相関係数は正の値をとります。また、相関が非常に強いこともわかります。 □

◎復習 5.1 （共分散，相関係数）　共分散と相関係数は、2つの "確率変数の関係を数値で判断するための指標" となります。

2つの確率変数 X, Y の共分散 (covariance) $Cov(X, Y)$ を次の式で定めます：

$$Cov(X, Y) = E[(X - \mu_X)(Y - \mu_Y)].$$

ここで μ_X, μ_Y はそれぞれ X, Y の期待値です。共分散 $Cov(X, Y)$ が 0 の場合、確率変数 X, Y は無相関であるといわれます。確率変数 X, Y が独立であれば無相関ですが、その逆に、無相関であっても、確率変数 X, Y が独立であるとは限りません。共分散から相関の「ある」「なし」はわかりますが、その強さはわかりません。そこで、共分散を標準偏差の積 $\sigma_X \sigma_Y$ で割り基準化した次の相関係数 $\rho(X, Y)$ によって "相関の強さ" を調べます：

$$\rho(X, Y) = \frac{Cov(X, Y)}{\sigma_X \sigma_Y}.$$

118   5. ポートフォリオ理論入門

　相関係数は $-1 \leqq \rho(X, Y) \leqq 1$ であり，$\rho(X, Y)$ が負の場合は，X が増加すれば Y が減少する傾向にあり，**負の相関**とよばれます。一方，$\rho(X, Y)$ が正の場合は，X が増加すれば Y も増加する傾向にあり，**正の相関**とよばれます。相関係数 $\rho(X, Y)$ が 1 または -1 に近いほど相関が強くなり，0 に近いほど相関が弱くなります。（復習終わり）

　この例題の結果を用いて，株価の変動について考えます。例題では「1日の終値の収益率」としたので，株式 a の株価を $S_a(t)$ 円としたとき，翌日の終値は

$$S_a(1) = S_a(0) \times (1 + R_a) \quad [円]$$

で与えられます：

　◇**例題 5.3**　収益率の確率分布が式 (5-1) に従う株式 a，株式 b について，現時点 $t = 0$ の一株の株価を，それぞれ $S_a(0) = 1000$ [円]，$S_b(0) = 2000$ [円] とする。所持金を 4,000 円とし，この所持金で

　(1) すべて株式 a を買い，時点 t での価格を $A(t)$，

　(2) すべて株式 b を買い，時点 t での価格を $B(t)$，

　(3) 2,000 円ずつ株式 a と株式 b を買い，時点 t での価格を $C(t)$，

とする。このとき，各々の $t = 1$ での期待値，分散，標準偏差を求めよ。

【**解答**】　(1)　$A(1) = 4000 \times (1 + R_a)$ であることから，次のように計算できます：

$$E[A(1)] = 4000 \times E[(1 + R_a)] = 4000 \times (1 + E[R_a]) = 4128,$$
$$V[A(1)] = 4000^2 \times V[(1 + R_a)] = 4000^2 \times V[R_a] = 1536,$$
$$\sigma_a = \sqrt{V[A(1)]} = 39.191 \cdots \cong 39.2$$

より，株式 a だけのポートフォリオである $A(1)$ のリスクを表す標準偏差は約 39.2 円となります。

　(2)　(1) と同様に，$B(1) = 4000 \times (1 + R_b)$ であることから計算します：

$$E[B(1)] = 4136,$$
$$V[B(1)] = 6144,$$
$$\sigma_b = \sqrt{V[B(1)]} = 78.38 \cdots \cong 78.4$$

5.2 収益率とリスク

より, 株式 b だけのポートフォリオである $B(1)$ のリスクを表す標準偏差は約
78.4 円となります。

(3) $t = 0$ での価格から, 株式 a を 2 株, 株式 b を 1 株購入する「ポートフォ
リオ」が構成されます。このとき,

$$C(1) = 2000 \times (1 + R_a) + 2000 \times (1 + R_b)$$

となります。ただし, 株式 a と株式 b は独立ではないので, 分散の計算に注意
します:

$$E[C(1)] = 2000 \times E[(1 + R_a)] + 2000 \times E[(1 + R_b)] = 4132,$$

$$V[C(1)] = V[2000 \times (1 + R_a)] + V[2000 \times (1 + R_b)]$$
$$\qquad + 2Cov(2000 \times (1 + R_a),\ 2000 \times (1 + R_b))$$
$$\qquad = 2000^2 \{V(R_a) + V(R_b) + 2Cov((1 + R_a), (1 + R_b))\},$$

ここで例題 5.2 の結果から,

$$Cov((1 + R_a), (1 + R_b))$$
$$\qquad = E\Big[\{(1 + R_a) - (1 + E[R_a])\}\{(1 + R_b) - (1 + E[R_b])\}\Big]$$
$$\qquad = E\Big[\{R_a - E[R_a]\}\{R_b - E[R_b]\}\Big]$$
$$\qquad = Cov(R_a, R_b) = 1.92 \times 10^{-4}$$

となるので, 株式 a と株式 b のポートフォリオである $C(1)$ の分散 $V[C(1)]$ と
標準偏差 σ_c は (例題 5.2 の結果より)

$$V[C(1)] = 2000^2 \Big\{9.6 \times 10^{-5} + 3.84 \times 10^{-4} + 2 \times 1.92 \times 10^{-4}\Big\}$$
$$\qquad = 3456,$$
$$\sigma_c = \sqrt{V[C(1)]} = 58.787\cdots \cong 58.8\ [円]$$

となります。 □

この例題の解答でわかるように, 株式 a と株式 b を組み合わせたポートフォ
リオをつくることで,

$$\sigma_a\ (39.2\ [\text{円}]) < \sigma_c\ (58.8\ [\text{円}]) < \sigma_b\ (78.4\ [\text{円}])$$

となりますので，ポートフォリオ $C(1)$ の標準偏差 (リスクを表します) は株式 a と株式 b の間の値となります。このことから，複数の株式を組み合わせることで，任意のリスクの大きさをもつポートフォリオをつくることができます。

● リスク指標としての標準偏差と **VaR**

標準偏差が "**リスク指標**" とよばれる理由をここで説明します。$S(t)$ を時点 t での株価とします。もし $S(t)$ の期待値 μ と標準偏差 σ がわかっていたとしましょう。第4章で述べたように，株価はブラック・ショールズモデルとよばれる数理モデルによって記述できることが知られていますので，株価が正規分布に従って変動していると考えると，その分布は $N(\mu, \sigma^2)$ です。その確率は正規分布表から

$$P\{\mu - \sigma \leqq S(t) \leqq \mu + \sigma\} = 0.683,$$
$$P\{\mu - 2\sigma \leqq S(t) \leqq \mu + 2\sigma\} = 0.955,$$
$$P\{\mu - 3\sigma \leqq S(t) \leqq \mu + 3\sigma\} = 0.997$$

となります。

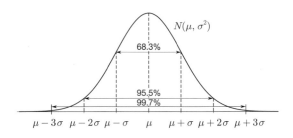

図1

図1から，標準偏差 σ が大きいとき，株価 $S(t)$ の値はより広い範囲に分布することがわかります。例えば，$\mu = 100\ [\text{円}]$, $\sigma = 1\ [\text{円}]$ のとき，

$$P\{S(t) \leqq \mu - \sigma\} = P\{S(t) \leqq 99\} = \frac{1 - 0.683}{2} = 0.1585$$

より，確率 0.1585 で株価は 99 円以下となります。一方，$\mu = 100\ [\text{円}]$, $\sigma = 10$

5.2 収益率とリスク

[円] のとき,
$$P\{S(t) \leqq \mu - \sigma\} = P\{S(t) \leqq 90\} = 0.1585$$
より, 確率 0.1585 で株価は 90 円以下となり, 同じ確率で $\sigma = 1$ のときよりも大きく下落するといえます。

このように将来の株価の標準偏差 σ がわかれば, 将来の株価そのものはわかりようがありませんが, "大きく下落する, あるいは上昇する" 確率がわかりますので, 株価のリスク管理を行うことができます。以上が, 標準偏差がリスク指標として用いられる理由です。

次に, 株価 $S(t)$ が $\mu = 1000$ [円], $\sigma = 10$ [円] の正規分布 $N(1000, 50^2)$ に従うとしましょう。このとき正規分布表から
$$P\{S(t) \leqq \mu - 1.64\sigma\} = P\{S(t) \leqq 918\} = 0.05$$
より, 株価 $S(t)$ は確率 0.05 で 918 円以下になります。この 918 円は, 図 2 のように確率 0.05 に対する「バリュー アット リスク (value at risk: VaR)」とよばれ,
$$\text{VaR}(0.05) = 918 \ [円]$$
と表されます。標準偏差 σ から導かれる VaR を求めることで, 具体的なリスクの値を調べることができます。

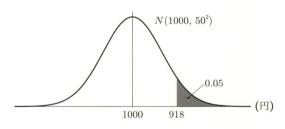

図 2　VaR(0.05) = 918

標準偏差 σ が大きいとき, 大きな損失が出る確率は大きいですが, 同時に大きな利益を得る確率も大きいので, **ハイリスク・ハイリターン** (high risk, high return) とよばれます。大きな利益を得るポートフォリオをつくるために

122   5. ポートフォリオ理論入門

は，必ずハイリスク・ハイリターン型の株式や債券を加える必要があります。
また，大きな損失を回避するためには，ほとんどを**ローリスク・ローリターン**
(low risk, low return) 型の株式や債券を組み合わせてポートフォリオをつく
ります。このようにしてポートフォリオをつくることが「リスク管理」です。

5.3　複数の資産によるポートフォリオ

例題 5.3 では，具体的な株価で期待値・分散・標準偏差を求めました。続い
ては，通常の株式取引で売買される売買単位[2]を無視して，任意の 0 以上の量
の株数を購入できることを仮定したときの取引を考えます。このとき，所持金
からの投資比率でポートフォリオの計算ができます[3]：

◇**例題 5.4**　株式 a と株式 b の 1 日の終値の収益率をそれぞれ R_a, R_b と
して，それらは次の確率分布に従い変動するものとする：

$$(\textbf{5-2}) \quad \begin{cases} P\{(R_a, R_b) = (-0.1, 0.05)\} = 0.2, \\ P\{(R_a, R_b) = (0, 0.3)\} = 0.4, \\ P\{(R_a, R_b) = (0.2, -0.05)\} = 0.4. \end{cases}$$

(1)　R_a, R_b のそれぞれの期待値，分散，標準偏差 (σ_a, σ_b で表す)，お
よび共分散を求めよ。

(2)　所持金 S 円のうち，$(100 \times w_a)\,\%$ で株式 a を，残りの金額で株式
b を買うポートフォリオを D とする。このとき，D の期待値，分散，標
準偏差 (σ_d で表す) を求めよ。ただし，$0 \leqq w_a \leqq 1$ とする。

【解答】　(1)　例題 5.2 と同様にして計算することで，次の結果を得ます：

$$E[R_a] = (-0.1) \times 0.2 + 0 \times 0.4 + 0.2 \times 0.4 = 0.06,$$
$$E[R_b] = 0.05 \times 0.2 + 0.3 \times 0.4 + (-0.05) \times 0.4 = 0.11,$$
$$V[R_a] = E[R_a{}^2] - 0.06^2 = 0.0144, \qquad \sigma_a = \sqrt{V[R_a]} = 0.12,$$

---

[2]単元株とよばれます。
[3]このように考えると，現時点での株価も考慮せずにすみます。

5.3 複数の資産によるポートフォリオ 123

$$V[R_b] = E[R_b{}^2] - 0.11^2 = 0.0254, \qquad \sigma_b = \sqrt{V[R_b]} \cong 0.159.$$

また,

$$
\begin{aligned}
Cov(R_a, R_b) &= E\Big[(R_a - E[R_a])(R_b - E[R_b])\Big] \\
&= (-0.1 - 0.06)(0.05 - 0.11) \times 0.2 \\
&\quad + (0 - 0.06)(0.3 - 0.11) \times 0.4 \\
&\quad + (0.2 - 0.06)(-0.05 - 0.11) \times 0.4 \\
&= -0.0116.
\end{aligned}
$$

ここで相関係数は,

$$\rho(R_a, R_b) = \frac{Cov(R_a, R_b)}{\sigma_a \sigma_b} = \frac{-0.0116}{0.12 \times 0.159} \cong -0.608$$

となり, R_a と R_b はかなり強い負の相関をもつことがわかります。

(2) 所持金のうち, $w_a S$ 円分で株式 a を購入したとき, 1 日の終値での株式 a の株価は, $w_a S(1 + R_a)$ となります。同様に株式 b の株価は, $(1 - w_a)S(1 + R_b)$ となります。この 2 つをあわせて期待値 $E[D]$ を計算します:

(5-3)
$$
\begin{aligned}
E[D] &= E\Big[w_a S(1 + R_a) + (1 - w_a)S(1 + R_b)\Big] \\
&= w_a S E[1 + R_a] + (1 - w_a)S E[1 + R_b] \\
&= S(1.11 - 0.05 w_a).
\end{aligned}
$$

また, 分散 $V[D]$ の計算は, 次のようになります:

(5-4)
$$
\begin{aligned}
V[D] &= V\Big[w_a S(1 + R_a) + (1 - w_a)S(1 + R_b)\Big] \\
&= (w_a S)^2 V[1 + R_a] + \{(1 - w_a)S\}^2 V[1 + R_b] \\
&\quad + 2 w_a(1 - w_a)S^2 Cov(1 + R_a, 1 + R_b) \\
&= (w_a S)^2 V[R_a] + \{(1 - w_a)S\}^2 V[R_b] \\
&\quad + 2 w_a(1 - w_a)S^2 Cov(R_a, R_b) \\
&= S^2\{0.0144 w_a^2 + 0.0254(1 - w_a)^2 - 0.0232 w_a(1 - w_a)\} \\
&= S^2(0.063 w_a^2 - 0.074 w_a + 0.0254).
\end{aligned}
$$

この正の平方根をとることで，標準偏差は次のようになります：

$$(5\text{-}5) \qquad \sigma_d = \sqrt{V[D]} = S\sqrt{0.063w_a^2 - 0.074w_a + 0.0254}\,. \qquad \square$$

ここで，上の結果を見直しましょう。問題の仮定は次のとおりです：

・所持金は S 円です。

・株式 a と株式 b の収益率はランダムに変動しますが，確率分布がわかっているとします。

・所持金全体を「1」としたとき，株式 a に「w_a」，株式 b に「$1-w_a$」の割合でポートフォリオを組みます。

得られる結果は次のとおりです：

・ポートフォリオの期待値 μ は，w_a の 1 次式 (5-3) です。

・ポートフォリオの分散 σ^2 は，w_a の 2 次式 (5-4) です。

・ポートフォリオの標準偏差 σ は，分散の正の平方根 (5-5) です。

4.7.2 項で収益率の標準偏差であるボラティリティは，リスクを計る指標になることを説明しましたが，ポートフォリオについても「期待収益率」と「リスク」という用語を用いることにします。ポートフォリオの基本的な考え方は，次のとおりです：

・同じリスクならば，期待収益率が大きいほうを選択する。

・同じ期待収益率ならば，リスクが小さいほうを選択する。

この基準では「ハイリスク・ハイリターン」と「ローリスク・ローリターン」は，どちらがよいかは判断できないことに注意します。また，次の表は例題 5.4 で w_a を動かしたときのポートフォリオの期待収益率 μ と標準偏差 σ の係数の値[4]です：

w_a	0.1	0.2	0.3	0.4	0.5	0.6	0.7	0.8	0.9
μ	0.105	0.100	0.095	0.090	0.085	0.080	0.075	0.070	0.065
σ	0.019	0.013	0.009	0.006	0.004	0.004	0.004	0.007	0.010

以下のグラフはリスク (σ) と期待収益率 (μ) の関係を示しています：

---

[4]小数点 4 位以下で四捨五入しています。

5.3 複数の資産によるポートフォリオ

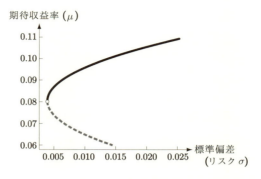

図 3　ポートフォリオの標準偏差と期待収益率のグラフ

ここで「2 次関数の平方完成」を思い出すと，式 (5-4) の分散が最小になる点は

$$w_a = \frac{0.074}{2 \times 0.063} \cong 0.587$$

です。このとき μ と σ の値は，それぞれ 0.081 と 3.67×10^{-3} となります。この値は図 3 のグラフの曲線の最も左にある点 (○) に対応します。

さらに「同じリスクならば，期待収益率が大きいほうを選択する」という原則を考えると，グラフの下側のポートフォリオ (- - - の部分) は組まないことになります。この考え方を「**ポートフォリオの最適化**」とよびます。また，図 3 の上側のグラフは「**効率的フロンティア**」とよばれます (図 4)。

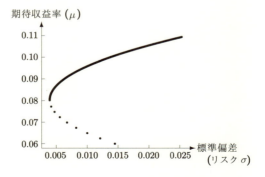

図 4　図 3 の効率的フロンティア

その一方で「同じ期待収益率ならば，リスクが小さいほうを選択する」という原則を考えると，グラフの上側のポートフォリオを選ぶことが合理的です[5]。

ところで，英語の格言に「すべての卵を1つのカゴに入れるな (Don't put all your eggs in one basket.)」というものがあります。卵の運搬を1つのカゴで行えば短時間で済みますが，カゴを落としたときは，すべて壊れてしまうかもしれません。資産で例えると，いくつかの資産に分散して運用することでリスクを小さくすることができるのでは，という発想です。現代的なポートフォリオ理論の研究は，同じ期待収益を上げられる資産ならば，リスクが小さいものを選ぶ，というマーコビッツによる考えを基盤としています。

この章では，2種類の株式を用いたポートフォリオを説明しましたが，複数 (p とします) 種類の株式をからなるポートフォリオを構成すると，共分散が $_pC_2 = p(p-1)/2$ 種類あり，行列を用いた解析が必要になります。また，リスクの最小値を求めるためには2次関数の頂点ではなく，「ラグランジュの未定係数法」という多変数関数の理論が必要になります。下の図は，収益率を平均 0.03，分散 0.3 に従う乱数としてシミュレーション[6]を行ったものです。∗と◦は，それぞれ100種類と200種類の株式の収益率によるポートフォリオの標準偏差 σ と期待収益率 μ のグラフです。

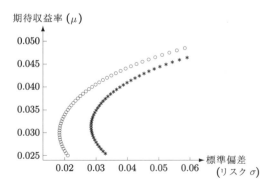

図5　ポートフォリオのシミュレーション

---

[5]「効用関数」を用いて投資家のリスクへの向き合い方を説明する方法があります。
[6] http://www.okadajp.org/RWiki/?R で数理計画 を参考にしました。

このグラフを見ると，より多くの株式を用いたポートフォリオ (○印) のほうが，リスクが低くなることがわかります。これは，**共分散が負になる組合せを，より多くみつけることができる**ことによります。

5.4 安全資産と接点ポートフォリオ

前節で効率的フロンティアについて説明しました。それでは，すべての投資家が「合理的に」行動し，取引が株価の変動に応じて瞬時に行われる，などの理論的な条件が満たされれば，市場にある全銘柄の株式によるポートフォリオは 1 つに定まることになるでしょう[7]。

株式では株価の変動，外貨預金では為替変動という，それぞれ予測できない変動があります。すなわち，正のボラティリティをもち，これらは「リスク資産」とよばれます。一方で，銀行の定期預金や国債は元本と利子が (よほどのことがない限り) 保証され，リスクをともなう変動がないのでボラティリティは 0 です。

安全資産の収益率 (利息) を $r(>0)$ とすると座標上では $(0, r)$ で表されます (図 6)。同じ座標上に株式市場にある全銘柄による構成されるポートフォリオを描き，$(0, r)$ からポートフォリオに向けて接線を引きます。この接線は**資本**

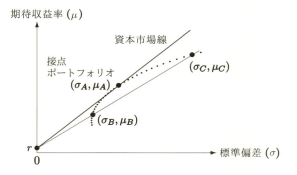

図 6　資本市場線と効率的フロンティア

---

[7] 全銘柄の時価総額の割合に合わせて購入してできるポートフォリオは**市場ポートフォリオ**とよばれます。

市場線 (Capital Market Line) とよばれ, 接点にあたるポートフォリオは「接点ポートフォリオ」とよばれます[8]。

ここで, 接点の座標を (σ_A, μ_A) とします。このとき, 資本市場線の傾きは $\dfrac{\mu_A - r}{\sigma_A}$ で与えられます。また, リスクの標準偏差を x, 期待収益率を y としたとき, 資本市場線は x に関する 1 次関数で

$$y = \frac{\mu_A - r}{\sigma_A} x + r$$

と表されます。この傾きですが, これは"投資リスク (標準偏差) の増加に対するリターン (期待収益率) の増加の割合"を表しています[9]。

◇例題 5.5　図 6 において, $r = 2, \mu_A = 8, \sigma_A = 4$ とする。
(1) 資本市場線を表す 1 次関数の式を求めよ。
(2) (1) の式において, $y = 6$ となる x の値を求めよ。

【解答】(1) $\dfrac{\mu_A - r}{\sigma_A} = \dfrac{8 - 2}{4} = \dfrac{3}{2}$ より, $y = \dfrac{3}{2}x + 2$ です。
(2) $6 = \dfrac{3}{2}x + 2$ を x について解くと, $x = \dfrac{8}{3}$ です。　□

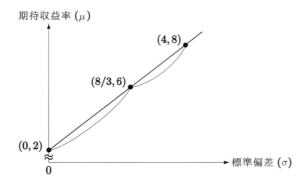

図 7　例題 5.5 の資本市場線

---
[8] 接点ポートフォリオと市場ポートフォリオは一致することが知られています。
[9] この値は「リスクの市場価格」とよばれます。

5.4 安全資産と接点ポートフォリオ   129

　ここで $0 \leqq w_m \leqq 1$ として，現時点での所持金を $w_m : (1 - w_m)$ に分割します。ここで $w_m = 1$ とすると，所持金のすべてを用いてリスク資産による市場ポートフォリオを構成します。また，$w_m = 0$ ときは所持金のすべてを安全資産に投資します。それでは，上の例題で求めた点に対応する w_m は，どうなるでしょうか。上の例題で求めた点 $(\sigma_A, \mu_A) = \left(\frac{8}{3}, 6\right)$ は，$(0, 2)$ と $(4, 8)$ を $2 : 1$ に内分する点です。この点はリスク資産に近いことから，$w_m = 2/(2 + 1) = 2/3$ であることがわかります。

　資本市場線のポートフォリオから，個別の企業の株価について資産評価するモデル[10]も導かれますが，本書ではモデルの紹介だけにとどめておきます[11]。

第 5 章のまとめ ────

　この章では，ポートフォリオについて説明しました。ポートフォリオは，金融におけるリスク管理のための重要な手法です。保有している資産 (財産) をすべて 1 つの株式に投資する，あるいはすべて現金にして銀行に預金するよりも，複数の資産に分割して保有したほうが将来のリスクを減らすことができる，ということが基本的な考え方です。銀行預金はリスクがなく，リスクを減らすためのポートフォリオは必要ない，と思われるかもしれませんが，長い期間を考えると物価上昇によるインフレリスクがあります。この点から，現金や銀行預金のリスクが最小とはいいきれません。

　この章では，投資によって得られる収益率の標準偏差でリスクを評価しました。リスクが少ない，すなわち，収益率の標準偏差が小さければ，大きな利益を得る確率は小さくなりますが，大きな損失を被る確率も小さくなります。また，資産を複数の商品に分けて運用することで，リスクが分散される様子を 2 つの株式を例として，計算によって示しました。投資におけるリスク管理の基本がポートフォリオです。

---

[10]CAPM (Capital Asset Pricing Model) とよばれます。
[11]例えば，参考文献 [3] をご覧下さい。

A
補講：確率の基礎

サイコロ・コインを投げる，トランプを引くなど，結果が事前にはわからないランダムな現象は，数多く存在します。これらの現象のなかにある規則性に注目する考え方が「確率論」です。この付録では，ランダム性に潜む秩序について，確率変数と確率分布という概念を用いてランダムな現象を解析する方法について簡単に要点をまとめておきます。

A.1 確率変数と確率分布の概念

サイコロ投げを考えます。標本空間[1]は $\Omega = \{\omega_1, \omega_2, \omega_3, \omega_4, \omega_5, \omega_6\}$ です。ただし ω_k は，サイコロの k の目が出る根元事象[2]とします。Ω 上の関数 X を

$$X(\omega_1) = X(\omega_3) = X(\omega_5) = 0,$$
$$X(\omega_2) = X(\omega_4) = X(\omega_6) = 1$$

とします。つまり X は，サイコロを投げて奇数の目が出たら 0，偶数の目が出たら 1 となる Ω 上の関数です。このように標本空間 Ω 上に定義された関数を**確率変数** (random variable) とよびます。

正しいサイコロであれば，1 から 6 のそれぞれの目が出る確率は次のように与えられます：

$$P(\{\omega_1\}) = P(\{\omega_2\}) = P(\{\omega_3\}) = P(\{\omega_4\}) = P(\{\omega_5\}) = P(\{\omega_6\}) = \frac{1}{6}$$

---
[1] 起こりうるすべての場合を要素とする集合のことをこのようによびます。
[2] 起こりうる事象の一つひとつをこのようによびます。

そこで，確率変数 X の値とその確率を次のように表します[3]：

$$\begin{cases} P(\{\omega \,|\, X(\omega) = 0\}) = P(\{\omega_1, \omega_3, \omega_5\}) = \dfrac{1}{2}, \\ P(\{\omega \,|\, X(\omega) = 1\}) = P(\{\omega_2, \omega_4, \omega_6\}) = \dfrac{1}{2}. \end{cases}$$

この X の値と確率の関係を，確率変数 X の**確率分布** (probability distribution) とよびます。確率分布の表し方には棒グラフを用いることもあります。

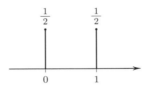

図 1　確率分布の棒グラフ

以後，式を簡単にして，次のように表すことにします[4]：

$$P\{X = k\} = P\{\omega \,|\, X(\omega) = k\}.$$

A.2　確率変数と無作為標本

中が見えない袋の中に，1 のカードが 5 枚，2 のカードが 3 枚，3 のカードが 2 枚入っているとします。この袋からカードを 1 枚取り出し，出た数を確率変数として X で表します。このとき，確率変数 X の確率分布は

$$P\{X = 1\} = \dfrac{5}{10}, \quad P\{X = 2\} = \dfrac{3}{10}, \quad P\{X = 3\} = \dfrac{2}{10}$$

であり，袋の中のカードの確率分布に一致します。ちなみに，統計学では，このような確率変数 X を**無作為標本** (random sample) とよび，ランダムに袋からカードを 1 枚取り出すことを**無作為抽出** (random sampling) とよびます。また，標本空間 Ω のことを**母集団** (population) ともよびます。無作為標本の

---

[3] $\{\omega \,|\, X(\omega) = 1\}$ は，$X(\omega) = 1$ である ω の集合を表します。
[4] $P(\cdot)$ と $P\{\cdot\}$ のどちらも適宜用いられます。

A.3 事象の独立性と確率変数の独立性 133

確率分布は母集団分布に一致するため，母集団分布の状況を推定するにあたり，無作為抽出は重要な手段となります。

A.3　事象の独立性と確率変数の独立性

2つの事象 A, B がまったく無関係に起きることを**独立**といいますが，独立性は次のように定義されます。

定義 A.1　(事象の独立性)　事象 A, B に対して

$$P(A \cap B) = P(A)P(B)$$

のとき事象 A, B は**互いに独立**であるという。

事象の独立性と同様に，確率変数の独立性も次のように定義されます。

定義 A.2　(確率変数 X, Y の独立性)　任意の実数 x, y に対して

$$P(X \leqq x,\ Y \leqq y) = P(X \leqq x)P(Y \leqq y)$$

が成り立つとき，確率変数 X, Y は**互いに独立**という。

例えば，同じサイコロを2回投げ，1回目に出たサイコロの目を X，2回目に出たサイコロの目を Y とします。このときサイコロを2回投げる場合の標本空間は

$$\Omega = \left\{ \begin{array}{cccccc} \omega_{11} & \omega_{12} & \omega_{13} & \omega_{14} & \omega_{15} & \omega_{16} \\ \omega_{21} & \omega_{22} & \omega_{23} & \omega_{24} & \omega_{25} & \omega_{26} \\ \omega_{31} & \omega_{32} & \omega_{33} & \omega_{34} & \omega_{35} & \omega_{36} \\ \omega_{41} & \omega_{42} & \omega_{43} & \omega_{44} & \omega_{45} & \omega_{46} \\ \omega_{51} & \omega_{52} & \omega_{53} & \omega_{54} & \omega_{55} & \omega_{56} \\ \omega_{61} & \omega_{62} & \omega_{63} & \omega_{64} & \omega_{65} & \omega_{66} \end{array} \right\} = \{\omega_{ij} \mid 1 \leqq i, j \leqq 6\}$$

となります。すべての事象 $\omega_{ij} \in \Omega$ は同様に確からしいと考えられ，それぞれの確率は $\dfrac{1}{36}$ で与えられます。例えば，次の確率を考えます：

$$P(X \leqq 2,\, Y \leqq 3) = P(\{\omega_{11}, \omega_{12}, \omega_{13}, \omega_{21}, \omega_{22}, \omega_{23}\}) = \frac{6}{36}.$$

一方，

$$P(X \leqq 2)P(Y \leqq 3) = \frac{2}{6} \times \frac{3}{6} = \frac{6}{36}$$

より，

$$P(X \leqq 2,\, Y \leqq 3) = P(X \leqq 2)P(Y \leqq 3)$$

が成り立ちます。同様にして

$$P(X \leqq i,\, Y \leqq j) = P(X \leqq i)P(Y \leqq j) \qquad (1 \leqq i, j \leqq 6)$$

が成り立ちます。よって，X, Y は互いに独立です。

A.4 離散確率分布

$k = 1, 2, 3, \ldots$ として，確率変数 X が離散的な値 x_k をとる確率を p_k とします。このとき

$$P\{X = x_k\} = p_k \ \text{かつ} \ \sum_{k=0}^{\infty} p_k = 1$$

が成り立ちます。このように X が離散的な値をとるとき，その確率分布を**離散確率分布**あるいは簡単に**離散分布**とよびます。以下で応用上重要な離散分布の具体例を示します。

● **二項分布 $B(n; p)$**

確率変数 $X_1, X_2, \ldots, X_n$ は独立で同分布に従い[5]，

(A-1) $\quad P\{X_k = 1\} = p, \quad P\{X_k = 0\} = 1 - p \quad (k = 1, 2, \ldots)$

とします。このような確率変数列 $X_1, \ldots, X_n$ を**ベルヌーイ列**とよびます。

---

[5] 「独立，同分布」は，英語で independent and identically distributed というので，以後省略して **i.i.d.** と表します。

A.4 離散確率分布

ここで同じコインを連続して投げる，というランダムな現象を考えましょう。1回目のコイン投げで表が出れば1，裏が出れば0とする確率変数を X_1 とします。2回目以降の結果についても同様に $X_2, \ldots, X_n$ の値を決め，確率変数列を定めます。コインは記憶をもたないため[6]，$X_1, \ldots, X_n$ は互いに独立となります。また1つの同じコインを投げ続けるために同分布となり，$X_1, \ldots, X_n$ はベルヌーイ列です。このベルヌーイ列の和

$$S_n = X_1 + \cdots + X_n$$

の確率分布は，次のように求められます。

(1)　$n = 1$ では，$S_1 = X_1$ より，

$$P\{S_1 = 1\} = p, \quad P\{S_1 = 0\} = 1 - p.$$

(2)　$n = 2$ では，X_1, X_2 の独立性から

$$
\begin{aligned}
P\{S_2 = 0\} &= P\{X_1 + X_2 = 0\} = P\{X_1 = 0, X_2 = 0\} \\
&= P\{X_1 = 0\} \times P\{X_2 = 0\} = (1 - p)^2, \\
P\{S_2 = 1\} &= P\{X_1 + X_2 = 1\} \\
&= P\{X_1 = 1, X_2 = 0\} + P\{X_1 = 0, X_2 = 1\} = 2p(1 - p), \\
P\{S_2 = 2\} &= P\{X_1 + X_2 = 2\} = P\{X_1 = 1, X_2 = 1\} = p^2.
\end{aligned}
$$

(3)　$n = 3$ では，

$$
\begin{aligned}
P\{S_3 = 0\} &= P\{X_1 = 0, X_2 = 0, X_3 = 0\} = (1 - p)^3, \\
P\{S_3 = 1\} &= P\{X_1 = 1, X_2 = 0, X_3 = 0\} \\
&\quad + P\{X_1 = 0, X_2 = 1, X_3 = 0\} \\
&\quad + P\{X_1 = 0, X_2 = 0, X_3 = 1\} = 3p(1 - p)^2, \\
P\{S_3 = 2\} &= P\{X_1 = 1, X_2 = 1, X_3 = 0\} \\
&\quad + P\{X_1 = 1, X_2 = 0, X_3 = 1\} \\
&\quad + P\{X_1 = 0, X_2 = 1, X_3 = 1\} = 3p^2(1 - p), \\
P\{S_3 = 3\} &= P\{X_1 = 1, X_2 = 1, X_3 = 1\} = p^3.
\end{aligned}
$$

---

[6] コインをよく振る，コインの摩耗を考えない，という常識的な仮定のもとでの現象を考えています。

136　　　　　　　　　　　　　　　　　　　　　　　　A.　補講：確率の基礎

以上の結果を一般化すると，次のように確率が求められます：

$$P\{S_n = k\} = {}_n\mathrm{C}_k\, p^k (1-p)^{n-k} \quad (k = 0, 1, \ldots, n).$$

このような確率分布を**二項分布** $B(n, p)$ (binomial distribution) とよびます。ここで ${}_n\mathrm{C}_k$ は n 個から k 個を選ぶ組合せの数で，次の式で求められます：

$$_n\mathrm{C}_k = \frac{n!}{k!\,(n-k)!},$$

ここで，$0! = 1$ とします。

コインの表と裏，成功と失敗，不良品と良品のような，2 つの値に対応できるランダムな現象について，それらが起きた総数を表す確率変数を考えるとき，二項分布を用いて考察することがたびたびあり，広く応用されています。二項分布は離散分布の代表的な確率分布です。

A.5　連続確率分布と確率密度関数

離散確率分布は，整数のようなとびとびの値についての確率分布でしたが，次に，実数全体，あるいはある区間全体を値とする確率分布である**連続確率分布** (あるいは簡単に**連続分布**という) について考えます。

（1）　確率密度関数

> **定義 A.3**　負でない値をとり，その下側の面積が 1 の連続関数 $f(x)$ を**確率密度関数** (probability density function) とよぶ。すなわち $f(x)$ は，次の条件を満たす：
>
> $$\textbf{(A-2)} \qquad \begin{cases} f(x) \geqq 0 \quad (x \in \mathbb{R}), \\ \displaystyle\int_{-\infty}^{\infty} f(x)\,dx = 1. \end{cases}$$

A.5 連続確率分布と確率密度関数

(2) 連続分布の確率

> **定義 A.4** 確率変数 X が確率密度関数 $f(x)$ をもつ連続確率分布に従うとき，その確率を次の式で与える：
>
> (**A-3**) $\qquad P\{a \leqq X \leqq b\} = \displaystyle\int_a^b f(x)\,dx \quad (-\infty < a \leqq b < \infty).$

連続分布のなかで特に重要な正規分布について解説します．

- 正規分布 $N(\mu, \sigma^2)$

確率変数 X が**正規分布** (normal distribution) $N(\mu, \sigma^2)$ $(-\infty < \mu < \infty,\ \sigma > 0)$ に従うとは，X が実数の値をとり，その確率が，$-\infty < a < b < \infty$ について

(**A-4**) $\qquad P\{a \leqq X \leqq b\} = \displaystyle\int_a^b \dfrac{1}{\sigma\sqrt{2\pi}} e^{-\frac{(x-\mu)^2}{2\sigma^2}}\,dx$

で与えられるときとします．

正規分布 $N(\mu, \sigma^2)$ の確率密度関数 $f(x)$ は

$$f(x) = \dfrac{1}{\sigma\sqrt{2\pi}} e^{-\frac{(x-\mu)^2}{2\sigma^2}} \quad (-\infty < x < \infty)$$

となり，$0 < \sigma < 1,\ \mu > 0$ の場合，図 2 (左) のような形状をしています：

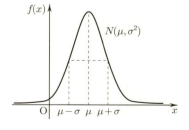
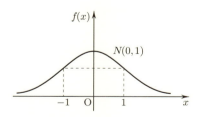

図 2 正規分布の確率密度関数 (右図は標準正規分布)

138   A. 補講：確率の基礎

A.6　累積分布関数

確率変数 X に対して

$$(\text{A-5}) \qquad F(x) = P\{X \leq x\}$$

によって定まる関数 $F(x)$ を，X のあるいは X の確率分布の**累積分布関数**
(distribution function)，または単に分布関数とよびます．分布関数 $F(x)$ は
以下の性質をもちます：

(i)　$x \leq y$ ならば $F(x) \leq F(y)$ となる．

(ii)　$\displaystyle\lim_{x \to -\infty} F(x) = 0$,　$\displaystyle\lim_{x \to \infty} F(x) = 1$ が成立する．

(iii)　$\displaystyle\lim_{x \to a+0} F(x) = F(a)$ が成立する (右連続性)．

確率変数 X が，確率密度関数が $f(x)$ である連続分布に従うとき，その累積
分布関数 $F(x)$ は

$$F(x) = P\{X \leq x\} = \int_{-\infty}^{x} f(t)\,dt$$

より，$\qquad\qquad F'(x) = \dfrac{d}{dx} \int_{-\infty}^{x} f(t)\,dt = f(x)$

が成り立ちます．確率変数 X の分布関数の導関数が X の確率密度関数となる
ことは，分布関数の重要な性質です．

A.7　期待値・分散・共分散・相関係数

統計学では，母平均や母分散などの母集団の統計的な性質を，無作為標本に
よって調べることが主要なテーマの一つです．無作為標本は，確率論では確率
変数に対応します．ここでは，統計学に確率変数の概念が応用されるときに重
要な役割を果たす，期待値と分散と共分散について説明します．

（1）　期 待 値

確率変数 X が次の確率分布に従うとします：

$$P\{X = -2\} = \frac{2}{3}, \quad P\{X = 0\} = \frac{1}{6}, \quad P\{X = 2\} = \frac{1}{6}.$$

A.7 期待値・分散・共分散・相関係数

このとき，確率変数 X の期待値は次の計算で与えられます：

$$-2 \times \frac{2}{3} + 0 \times \frac{1}{6} + 2 \times \frac{1}{6} = -1.$$

この計算の意味を「重心」の考え方を用いて説明します。

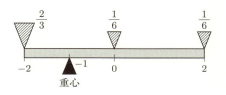

図 3　確率分布の重心

長さ 4 の棒上の地点 $-2, 0, 2$ に重さ $\frac{2}{3}, \frac{1}{6}, \frac{1}{6}$ のオモリが乗っているとします。ただし棒の重さは 0 とします。このとき棒の重心は -1 の地点になります。実際に地点 -1 を中心とする回転モーメントを，-1 の左側と右側について，それぞれ求めることでわかります：

$$(-1 \text{ の左側}) : \{-1-(-2)\} \times \frac{2}{3} = \frac{2}{3},$$

$$(-1 \text{ の右側}) : \{0-(-1)\} \times \frac{1}{6} + \{2-(-1)\} \times \frac{1}{6} = \frac{2}{3}$$

となり，地点 -1 で棒のバランスがとれています。

先ほどの計算では，確率変数 X の値とその確率をかけたものを合計して求めました。そこで，確率分布の重心に相当する「期待値」の定義を，離散分布と連続分布に対して次のように与えます。

定義 A.5　(1)　確率変数 X が離散分布

(**A-6**) $\qquad P\{X = x_k\} = p_k \quad (k = 0, 1, 2, \ldots)$

に従うとき，その**期待値** (expectation) $E[X]$ を次の式で定める：

$$E[X] = \sum_{k=0}^{\infty} x_k p_k.$$

(2) 確率変数 X が，確率密度関数が $f(x)$ である連続分布

$$P\{a \leqq X \leqq b\} = \int_a^b f(x)\,dx \quad (-\infty < a \leqq b < \infty)$$

に従うとき，その期待値 $E[X]$ を次の式で定める：

$$E[X] = \int_{-\infty}^{\infty} x f(x)\,dx.$$

また，X の期待値だけでなく，X の関数である X^2 や e^X の期待値を求めるために，関数に対する期待値の定義を与えます。

定義 A.6 関数 $g(x)$ について，

(1) 確率変数 X が離散分布 (A-6) に従うとき，期待値 $E[g(X)]$ を次の式で定める：

$$E[g(X)] = \sum_{k=0}^{\infty} g(x_k)\,p_k.$$

(2) 確率変数 X が，確率密度関数を $f(x)$ とする連続分布に従うとき，期待値 $E[g(X)]$ を次の式で定める：

$$E[g(X)] = \int_{-\infty}^{\infty} g(x)f(x)\,dx.$$

（2） 分　散

2 つの異なるゲームと対応する確率変数 X と Y を考えます。X はコインを投げて表がでれば 10 円がもらえ裏がでれば 10 円を取られます。一方，Y は表がでれば 100 円をもらえ裏がでれば 100 円を取られます。X, Y の確率分布は

$$\begin{cases} P\{X = 10\} = \dfrac{1}{2} \\ P\{X = -10\} = \dfrac{1}{2} \end{cases}, \qquad \begin{cases} P\{Y = 100\} = \dfrac{1}{2} \\ P\{Y = -100\} = \dfrac{1}{2} \end{cases}$$

A.7 期待値・分散・共分散・相関係数　　　　　　　　　　　　　　　141

また，期待値は

$$
\begin{cases}
E(X) = 10 \times \dfrac{1}{2} + (-10) \times \dfrac{1}{2} = 0, \\
E(Y) = 100 \times \dfrac{1}{2} + (-100) \times \dfrac{1}{2} = 0
\end{cases}
$$

であり，両者は一致します。期待値は確率分布の重心であり，統計的には 1 回の試行で得られる平均量と考えられます。ここで X と Y はどちらも平均量は同じですが，得られる利益 (もしくは損失) は 10 倍の違いがあります。このような違いをリスクとよぶことにすると，「Y は X に比べてリスクが 10 倍ある」といえます。"リスクの大きさを表す指標" を分散および標準偏差とよび，次のように定義します。

定義 A.7　確率変数 X の**分散** (variance) $V[X]$ を次の式で定める：

$(\mathbf{A\text{-}7})$　　　　　　　$V[X] = E\left[(X - \mu_X)^2\right].$

ここで $\mu_X = E(X)$ とする。

$X - \mu_X$ の値は「X の偏差」(deviation) とよばれます。このとき，分散は偏差の 2 乗の期待値になります。分散が大きければ偏差が大きい，すなわち，"とる値の散らばりが大きく，広い範囲に値をとる" ことが予測できます。

それでは，先ほどの二種のゲーム X, Y の分散を求めてみましょう。分散は偏差 $X - \mu_X$ の 2 乗の期待値なので，$g(x) = (x - \mu_X)^2$ とおき，期待値の定義に従い計算します：

$$
V[X] = E\left[(X - \mu_X)^2\right] = (10 - 0)^2 \times \frac{1}{2} + (-10 - 0)^2 \times \frac{1}{2} = 100.
$$

同様に

$$
V[Y] = E\left[(Y - \mu_Y)^2\right] = (100 - 0)^2 \times \frac{1}{2} + (-100 - 0)^2 \times \frac{1}{2} = 10000.
$$

このように，Y は X よりも分散が 100 倍大きいことがわかります。しかし，散らばりの大きさ (リスク) は，上で説明したように 10 倍でした。

142　　　　　　　　　　　　　　　　　　　　A. 補講：確率の基礎

　そこで，分散を本来のリスク量に相当するように修正したものが，次に示す標準偏差です。

定義 A.8　確率変数 X について，

$$(\textbf{A-8}) \qquad \sigma_X = \sqrt{V(X)} = \sqrt{E\left[(X - \mu_X)^2\right]}$$

を確率変数 X の**標準偏差** (standard deviation) という。

　上の 2 つのゲーム X, Y の標準偏差 σ_X, σ_Y は，それぞれ

$$\sigma_X = \sqrt{V(X)} = \sqrt{100} = 10,$$
$$\sigma_Y = \sqrt{V(Y)} = \sqrt{10000} = 100$$

なので，Y の標準偏差は X の標準偏差の 10 倍となります。

（3）　期待値・分散の性質

　次の定理で与えられる各項目は，重要な性質です。

定理 A.1　確率変数 X, Y および定数 a に対して次の性質が成り立つ：
- (i)　$E[X + Y] = E[X] + E[Y]$.
- (ii)　$E[aX] = aE[X]$.
- (iii)　X, Y が独立ならば，$E[XY] = E[X]E[Y]$ が成り立つ。
- (iv)　$E[a] = a$.
- (v)　$V[aX] = a^2 V[X]$.
- (vi)　X, Y が独立ならば，$V[X + Y] = V[X] + V[Y]$ が成り立つ。
- (vii)　$V[X + a] = V[X]$.
- (viii)　$V[X] = E[(X - \mu_X)^2] = E[X^2] - \mu_X^2$

　(iii) と (vi) の成立には独立性を仮定しますが，その他の項目は，期待値と分散が存在する確率変数 X, Y について無条件に成立します。証明は，例えば [6] を参照して下さい。

A.7 期待値・分散・共分散・相関係数　　　　　　　　　　　　143

◇**例題 A.1**　確率変数 X が正規分布 $N(\mu, \sigma^2)$ に従うとき，X の期待値，分散，標準偏差を求めよ。

【解】　確率密度関数は $f(x) = \dfrac{1}{\sigma\sqrt{2\pi}} e^{-\frac{(x-\mu)^2}{2\sigma^2}}$ ですので，$y = x - \mu$ とおいて変数変換すると，

$$
\begin{aligned}
E(X) = \mu_X &= \int_{-\infty}^{\infty} x \frac{1}{\sigma\sqrt{2\pi}} e^{-\frac{(x-\mu)^2}{2\sigma^2}} dx \\
&= \int_{-\infty}^{\infty} (y+\mu) \frac{1}{\sigma\sqrt{2\pi}} e^{-\frac{y^2}{2\sigma^2}} dy \\
&= \int_{-\infty}^{\infty} y \frac{1}{\sigma\sqrt{2\pi}} e^{-\frac{y^2}{2\sigma^2}} dy + \mu \int_{-\infty}^{\infty} \frac{1}{\sigma\sqrt{2\pi}} e^{-\frac{y^2}{2\sigma^2}} dy.
\end{aligned}
$$

次に，関数 $y \dfrac{1}{\sigma\sqrt{2\pi}} e^{-\frac{y^2}{2\sigma^2}}$ は奇関数ですので，その積分は $\displaystyle\int_{-\infty}^{\infty} y \frac{1}{\sigma\sqrt{2\pi}} e^{-\frac{y^2}{2\sigma^2}} dy$ $= 0$ です。また，関数 $\dfrac{1}{\sigma\sqrt{2\pi}} e^{-\frac{y^2}{2\sigma^2}}$ は正規分布 $N(0, \sigma^2)$ の確率密度関数ですので，その積分は $\displaystyle\int_{-\infty}^{\infty} \frac{1}{\sigma\sqrt{2\pi}} e^{-\frac{y^2}{2\sigma^2}} dy = 1$ です。ゆえに $E(X) = \mu_X = \mu$.
ここで $z = \dfrac{x-\mu}{\sigma}$ とおいて変数変換します。$dz = \dfrac{1}{\sigma} dx$ および部分積分によって

$$
\begin{aligned}
V(X) = E[(X - \mu_X)^2] &= \int_{-\infty}^{\infty} (x-\mu)^2 \frac{1}{\sigma\sqrt{2\pi}} e^{-\frac{(x-\mu)^2}{2\sigma^2}} dx \\
&= \sigma^2 \int_{-\infty}^{\infty} z^2 \frac{1}{\sqrt{2\pi}} e^{-\frac{z^2}{2}} dy \\
&= -\sigma^2 \int_{-\infty}^{\infty} z(-z) \frac{1}{\sqrt{2\pi}} e^{-\frac{z^2}{2}} dy \\
&= -\sigma^2 \left\{ \left[z \frac{1}{\sqrt{2\pi}} e^{-\frac{z^2}{2}} \right]_{-\infty}^{\infty} - \int_{-\infty}^{\infty} \frac{1}{\sqrt{2\pi}} e^{-\frac{z^2}{2}} dy \right\} \\
&= -\sigma^2 (0 - 1) \\
&= \sigma^2.
\end{aligned}
$$

144   A. 補講：確率の基礎

よって，標準偏差は $\sigma(X) = \sqrt{V(X)} = \sigma$ です。   □

（4） 共分散，相関係数

以下で定義される共分散は，2つの確率変数の関係を数値で判断するための
指標となります。

定義 A.9　2つの確率変数 X, Y の**共分散** (covariance) $Cov(X, Y)$ を次
の式で定める：

$$\textbf{(A-9)} \qquad Cov(X, Y) = E[(X - \mu_X)(Y - \mu_Y)].$$

この共分散の定義と分散の定義から，

$$Cov(X, X) = V[X]$$

であることがわかります。

定理 A.2　確率変数 X, Y, Z および定数 a, b に対して次の性質が成り立つ：

  (i)　$Cov(X, Y) = E[XY] - E[X]E[Y]$.

 (ii)　$Cov(aX, bY) = ab\,Cov(X, Y)$.

(iii)　$Cov(X + Y, Z) = Cov(X, Z) + Cov(Y, Z)$.

(iv)　$V(X + Y) = V(X) + V(Y) + Cov(X, Y)$.

 (v)　X, Y が独立ならば，$Cov(X, Y) = 0$.

(v) の成立には独立性を仮定しますが，その他の項目は，期待値・分散・共
分散が存在する確率変数 X, Y, Z について無条件に成立します。証明は，例え
ば [6] を参照して下さい。

ここで，(v) の逆，すなわち $Cov(X, Y) = 0$ であっても X と Y は独立とは
限らないことに注意します。例えば，次の例題を考えましょう。

A.7 期待値・分散・共分散・相関係数　　　　　　　　　　　　145

◇**例題 A.2**　2つの確率変数 X, Y について，その確率分布が下の表のように与えられているとする：

(X, Y) の値	$(-3, 2)$	$(1, 3)$	$(1, 1)$
確率	$\dfrac{1}{3}$	$\dfrac{1}{3}$	$\dfrac{1}{3}$

このとき，次の値を答えよ．

(1) $P\{X = -3\}$　　　(2) $P\{Y = 2\}$

(3) $P\{(X, Y) = (-3, 2)\}$　　　(4) $Cov(X, Y)$

【**解答**】　(1) $P\{X = -3\} = P\{(X, Y) = (-3, 2)\} = \dfrac{1}{3}$.

(2) $P\{Y = 2\} = P\{(X, Y) = (-3, 2)\} = \dfrac{1}{3}$.

(3) 与えられた表から，$P\{(X, Y) = (-3, 2)\} = \dfrac{1}{3}$.

(4) $\mu_X = -3 \times \dfrac{1}{3} + 1 \times \dfrac{2}{3} = -\dfrac{1}{3}$, $\mu_Y = (2 + 3 + 1) \times \dfrac{1}{3} = 2$ より

$$E[(X - \mu_X)(Y - \mu_Y)]$$
$$= \left\{-3 - \left(-\frac{1}{3}\right)\right\}(2 - 2) \times \frac{1}{3} + \left\{1 - \left(-\frac{1}{3}\right)\right\}(3 - 2) \times \frac{1}{3}$$
$$+ \left\{1 - \left(-\frac{1}{3}\right)\right\}(1 - 2) \times \frac{1}{3}$$
$$= 0. \qquad \square$$

ここで，(1)–(3) の結果より，

$$P\{(X, Y) = (-3, 2)\} \neq P\{X = -3\} \times P\{Y = 2\}$$

となります．このことより，$Cov(X, Y) = 0$ でも，X と Y が独立とは限らないことがわかります．

このように共分散から，2つの確率変数 X, Y 間の相関があるか，ないかはわかりますが，相関の強さはわかりません．相関の強さを調べるために共分散を標準偏差で割って基準化した，次の相関係数を使います．

定義 A.10 2つの確率変数 X, Y について，$V(X)V(Y) > 0$ が成立するとき，X と Y の**相関係数** (correlation coefficient) $\rho(X, Y)$ を次の式で定める：

$$(\textbf{A-10}) \qquad \rho(X, Y) = \frac{Cov(X, Y)}{\sigma_X \sigma_Y}.$$

また，$\rho(X, Y) > 0$ のときを正の相関，$\rho(X, Y) < 0$ のときを負の相関，$\rho(X, Y) = 0$ のときを無相関とよぶ。

○注 A.1　相関係数などについては，復習 5.1 (p.117) も参照して下さい。

A.8　大数の法則，中心極限定理

　ある視聴率の調査会社では，テレビ番組の視聴率調査のために全国の約 7000 世帯を選び (2013 年度)，その平均値によって全国の視聴率の推定しています。7000 世帯は大変大きな数字であるように思えますが，日本全体にはおよそ 5000 万世帯ありテレビ普及率が 96 ％ 程度ですので，7000 世帯は全体の中のきわめてわずかな部分です。それでは，全体のわずか 7000 分の 1 程度のデータの平均値から正確な視聴率が調査できるのでしょうか。この疑問に答える理論が，次に述べる「大数の法則」と「中心極限定理」です。

　視聴率調査のために選ばれた 7000 世帯の平均値が本当の視聴率に近いことを，大数の法則を用いて説明しましょう。視聴率の調査では日本全国の約 5000 万世帯が母集団です。母集団からランダムに n 個のデータを抽出し，それらの値を $X_1, \dots, X_n$ とします。このとき $X_1, \dots, X_n$ は i.i.d. であり，母集団からランダムに抽出されているので，それらの確率分布は母集団の確率分布と同じです。このとき次の定理が成り立ちます。

定理 A.3　((強) 大数の法則)
確率変数 $X_1, X_2, \dots$ は i.i.d. で，

$$E[X_k] = \mu, \quad V[X_k] = \sigma^2 < \infty, \quad k \geqq 1$$

A.8 大数の法則，中心極限定理 147

を仮定する。また $S_n = X_1 + \cdots + X_n$ とおき，標本平均を $\bar{X} = \dfrac{S_n}{n}$ とする。このとき

$$P\left\{ \lim_{n \to \infty} |\bar{X} - \mu| = 0 \right\} = 1$$

が成り立つ。

つまり，$|\bar{X} - \mu|$ は $n \to \infty$ のときに，「確率 1」で 0 に収束するということをいっています。

前述の視聴率の調査では $n = 7000$ です。また $\bar{X}$ は視聴率の調査会社が観測した 7000 世帯中のある番組を見た世帯数の比率です。$n = 7000$ は十分に大きな値ですので，大数の法則から $\bar{X}$ は真の視聴率 μ に十分に近い値といえます。

次に，中心極限定理について説明します。そのまえに，まず確率分布の法則収束を次のように定義します。任意の実数 x に対して，$F(x) = P\{X \leqq x\}$ を確率変数 X の，あるいは X の確率分布の確率分布関数とします。このとき：

定義 A.11 （法則収束）

確率変数列 $\{Y_n\}$ の確率分布関数を $\{F_n(x)\}$，確率変数 Y の確率分布関数を $F(x)$ とする。また $F(x)$ の右極限値と左極限値が一致する，すなわち $F(x+) = F(x-)$ のとき，x を $F(x)$ の**連続点**という。このとき，任意の連続点 x に対して，

$$\lim_{n \to \infty} F_n(x) = F(x)$$

が成り立つとき，$\{Y_n\}$ の確率分布は Y の確率分布に**法則収束** (converge in law) (あるいは**弱収束**) するといい，

$$Y_n \Rightarrow Y \quad (n \to \infty)$$

と記す。

148   A. 補講：確率の基礎

　大数の法則から，$\bar{X}$ は母平均 μ に収束することがわかっていますが，その偏差 $\bar{X} - \mu$ はどのような確率分布に従うでしょうか．偏差 $\bar{X} - \mu$ の確率分布から標本平均 $\bar{X}$ の平均 μ からの誤差の大きさを正確に判定できるので，母平均の推定のために偏差の確率分布の研究はきわめて重要な問題です．

　次の中心極限定理から，この偏差の確率分布は近似的に正規分布であることが知られています．

定理 A.4 （中心極限定理）

確率変数 $X_1, X_2, \ldots$ は i.i.d. で，

$$E[X_k] = \mu, \quad V[X_k] = \sigma^2 < \infty, \quad E\left[|X_k|^3\right] < \infty, \quad k \geqq 1$$

を仮定する．また $S_n = X_1 + \cdots + X_n$ とおき，標本平均を $\bar{X} = \dfrac{S_n}{n}$ とする．このとき，任意の実数 x に対して

$$P\left\{\frac{\sqrt{n}}{\sigma}\left(\bar{X} - \mu\right) \leqq x\right\} \implies \int_{-\infty}^{x} \frac{1}{\sqrt{2\pi}} e^{-\frac{t^2}{2}} dt \quad (n \to \infty)$$

が成り立つ．

　関数 $\dfrac{1}{\sqrt{2\pi}} e^{-\frac{t^2}{2}}$ は標準正規分布 $N(0,1)$ の確率密度関数です．中心極限定理から，"母集団が正規分布に従わない場合でもデータ数 n がある程度大きければ，標本平均の偏差 $\dfrac{\sqrt{n}}{\sigma}(\bar{X} - \mu)$ の確率分布が標準正規分布 $N(0,1)$ に従っているとみることができ" ます．

参 考 文 献

本書の文中で参照した文献をあげます：

[0-1] F. Black and M. Scholes (1973), "The Pricing of Options and Corporate Liabilities", Journal of Political Economy, Vol.81, No.3, pp.637–654

[0-2] H.M. Markowitz (1952), Portfolio Selection, The Journal of Finance 7, 77–91.

これらの論文は，現在のファイナンス理論の基幹となる基本的文献です．内容は大変専門的ですが，より深くファイナンス理論を学ぶ場合には一度は目を通しておくことをお勧めします．

以下の文献 [1]〜[6] は，ファイナンス，確率・統計，データサイエンスの入門書です．本書の参考書として並行して読むとよいでしょう．

[1] 「ウォール街のランダム・ウォーカー」バートン・マルキール (井手正介訳)，日本経済新聞社，1999.

[2] 「データ分析とデータサイエンス」柴田里程，近代科学社，2012.

[3] 「ファイナンス入門」手嶋宣之，ダイヤモンド社，2011.

[4] 「ファイナンスの数理入門」津野義道，共立出版，2003.

[5] 「ファイナンスの統計学」横内大介，技術評論社，2012.

[6] 「理工系学生のための 確率・統計講義」金川秀也・吉田稔・堀口正之，培風館，2014.

また，次の論文では，第 4 章で解説した株価ボラティリティの推定量のひとつであるヒストリカル・ボラティリティを求める際に，日次収益率の適切な観測日数について重要なヒントを与えています．この問題に関心のある方はご参照下さい：

[7] 「日経 225 平均株価指数の日次収益率分析におけるジャンプ拡散過程モデルの同定とその低頻度で振幅の大きなジャンプ時点推定への応用について」金川秀也・石田真之，日本経営工学会論文誌，Vol.67 (2016)，pp.1–9.

参 考 文 献

上記の本・論文の他に，本書の執筆にあたり，特に参照した数理ファイナンスの入門書をあげます：

[8] 「なっとくする 数理ファイナンス」森 真，講談社，2001.

[9] 「確率論」熊谷隆，共立出版，2003.

[10] 「数学基礎プラス α (金利編) 2016」上江洲弘明・高木悟，早稲田大学出版部，2016.

[8], [9] は，第 4 章のオプションの価格付けの部分で参照しました。多期間二項モデルの極限として連続モデルへ拡張する方法が要領よく解説されています。特に [9] は本格的な確率論の教科書で，確率論の応用としてオプションの価格付けが述べられています。また，[10] は金利計算のみに特化した教科書で，元利合計の求め方に慣れていない読者の方に大変参考になると思われます。

[11] 「ファイナンスのための確率解析 I, II」S.E. シュリーブ (長山いずみ他訳)，丸善出版，2012.

[11] は数理ファイナンスの教科書として国際的にも著名な正統的な教科書です。確率微分方程式によって記述された株価モデルから，確率解析を用いてブラック・ショールズの公式を導いています。本書は，[11] のような教科書や数理ファイナンスの論文を読むための入門書という位置づけになるよう執筆しました。

[12] 「スワップ・債券先物 通貨オプション取引」野間清治・春木俊雄・日出間範之，銀行研修社，1987.

[12] では，オプション理論が実際の金融機関の取引にどのように応用されるか，について解説されています。また，金融機関におけるリスクの実態とその管理の解説もあります。理論だけではわからない金融取引の実態を解説するにあたり，本書では [12] を参照しました。

確率・統計の教科書も [6] の他にいくつかあげておきます。ご参照下さい：

[13] 「統計学 I」種村秀紀・澁谷幹夫，数学書房，2017.

[14] 「概説 確率統計」前園宣彦，サイエンス社，2009.

索　引

あ　行

アービトラージ　76
アメリカンオプション　64, 70
安全資産　75
安全利子率　75
一期間二項モデル　74
FX　56
追証　50
オプション取引　63
オプションホルダー　64, 67
オプションライター　64, 67

か　行

外国為替証拠金取引　56
価格　27
価格変動リスク　109
確率分布　132
確率変数　131
　　──の独立性　133
確率密度関数　136
価値　27
株式　37
空売り　58, 75
　　株式市場における──　75
空買い　58, 75
　　株式市場における──　75
元本　1

元利合計　2
機関投資家　39, 49
期待収益率　115, 124, 128
期待値　8, 139
CAPM　129
共分散　117, 127, 144
金融工学　39
金融市場　40
金融派生商品　37, 39, 72
月利　1
現在価値　27
現物価格　45
現物株　41
現物取引　37, 40
現物取引市場　49
効用関数　126
効率的フロンティア　125
合理的な選択　75
国債　38
コールオプション　63, 64
　　アメリカン──　70
　　──・プレミアム　76

さ　行

債券　38
裁定取引　76, 98, 99
先物売り　43

先物買い　43
先物取引　42, 52
先物取引市場　43, 49
先物取引所　42
先渡取引　42
算術平均　106
資産　27
市場価格　45
事象の独立性　133
市場ポートフォリオ　127
自然対数　23
　──の底 (e)　19
資本市場線　128
社債　38
収益率　74, 104, 114
　──の期待値　114
証券 (有価証券)　37
証拠金　50
証拠金維持率 (追証ライン)　50
証拠金制度　50
信用取引　37, 40, 50, 75
信用保証　39
正規分布　137
正の相関　118, 146
接点ポートフォリオ　128
相関係数　117, 146
損切り　48

た　行

対数収益率　105
　──の分散　106
大数の法則　106, 146
互いに独立　133
多期間二項モデル　90

単位期間　1
単元株　122
担保　38, 40, 50
単利　1
中心極限定理　111, 148
データサイエンス　108
デフォルト　38, 42
デリバティブ　39, 72
等差数列　2
堂島米会所　42
投資リスク　128
等比数列　11
騰落率　74
特別清算指数　54
独立　133

な　行

二期間二項モデル　87
二項分布　136
　──の正規近似　101
日利　1
年利　1

は　行

ハイリスク・ハイリターン　73, 121, 124
バリュー　アット　リスク (VaR)　121
反対売買による決済　48
ヒストリカル・ボラティリティ　109
標準正規分布　102, 137
標準偏差　8, 115, 142
標本平均　106
複製ポートフォリオ　77, 86
複利　1, 10

索　引　　153

プットオプション　63, 67
　——・プレミアム　85
負の相関　118, 146
不偏分散　106, 109
ブラック・ショールズの公式　83, 101
ブラック・ショールズモデル　110
プレミアム　74
分散　8, 141
ペイオフ　66, 78
　——関数　78
平均収益率　109
ヘッジ　77
ベルヌーイ列　134
偏差　115, 141
法則収束　147
母集団　132
ポートフォリオ　76, 77, 113
　——選択理論　114
　——の最適化　125
ボラティリティ　101, 103, 109, 116
　——の推定　108, 109
ホワイトノイズ　110

ま　行

無裁定価格　76
無裁定条件　98
無作為抽出　132
無作為標本　132
無相関　117, 146
無リスク資産　75

や　行

ヨーロピアンオプション　64

ら　行

ラグランジュの未定係数法　126
離散確率分布　134
離散分布　134
リスク　116, 124, 141
　——の市場価格　128
　——の証券化　38, 39
リスク管理　122
リスク資産　127
リスク指標
　——としての標準偏差　121
リスク中立　79
リスク中立確率　83
リーマンショック　39
利率　1
累積分布関数　137
　標準正規分布の——　102
レバレッジ　52, 54
　——をかける　52
　——の比率　52
連続確率分布　136
連続複利　18, 20
連続分布　136
ローリスク・ローリターン　122, 124

わ

割引　27
割引価格　30
割引計算　30
割引率　28
　ブラック・ショールズの公式
　における——　103

著者略歴

金 川 秀 也
かな がわ しゅう や

1984 年　慶應義塾大学大学院博士課程単
　　　　位取得退学
現　　在　東京都市大学名誉教授
　　　　工学博士（慶應義塾大学）

高 橋 　 弘
たか はし 　 ひろし

2004 年　慶應義塾大学大学院後期博士課
　　　　程修了
現　　在　東京学芸大学教育学部准教授
　　　　博士（理学）（慶應義塾大学）

西 郷 達 彦
さい ごう たつ ひこ

2005 年　慶應義塾大学大学院後期博士課
　　　　程単位取得退学
現　　在　山梨大学大学院総合研究部准教
　　　　授
　　　　博士（理学）（慶應義塾大学）

謝 　 南 瑞
Shieh 　 Narn-Rueih

1980 年　国立台湾大学大学院博士課程修
　　　　了
現　　在　国立台湾大学名誉教授
　　　　Ph.D.（国立台湾大学），理学博
　　　　士（京都大学）

©　金川・高橋・西郷・謝　2019

2019 年 6 月 10 日　初 版 発 行

ファイナンスを読みとく数学

著　者　金 川 秀 也
　　　　高 橋 　 弘
　　　　西 郷 達 彦
　　　　謝 　 南 瑞
発行者　山 本 　 格

発 行 所　株式会社 培 風 館

東京都千代田区九段南 4-3-12・郵便番号 102-8260
電 話 (03) 3262-5256(代表)・振 替 00140-7-44725

三美印刷・牧 製本

PRINTED IN JAPAN

ISBN 978-4-563-01026-3　C3033